打造無懈可擊的
決勝點 九個

陳定堯 田天 陳思忠 主編

- 塑造形象
- 展現自我
- 拓展人脈
- 精心遣詞

從自我管理到社交技巧
全面提升你的職場競爭力

- 潛力激發 × 全面提升
- 品格塑造 × 自我突破
- 卓越成就 × 職場致勝

追求卓越是生命中最熾熱的因子
渴望成功是人生最活躍的本能

目 錄

前言

一、以德為本,修身立命

1. 提升修養,做個品德高尚的人 …………………… 012
2. 克制自己,心存仁愛為他人著想 ………………… 016
3. 一諾千金,承諾必須兌現 …………………………… 022
4. 寬容大度,包容他人難以忍受的事 ……………… 025
5. 無欲則剛,抵擋住生活中的誘惑 ………………… 029
6. 努力遺忘他人的過錯 ……………………………… 032
7. 坦然接受來自他人的指責 ………………………… 034

二、剛柔並濟,外圓內方的處世智慧

1. 剛柔兼備,靈活運用方圓之道 …………………… 038
2. 圓中有方,做事不忘原則 ………………………… 041
3. 忍小謀大,不以蠻勇爭鋒 ………………………… 044
4. 以迂為直,學會靈活處事 ………………………… 047
5. 以退為進,善用策略退卻 ………………………… 050
6. 避重就輕,巧應複雜局面 ………………………… 052

三、自我磨練，開發內心潛力

1. 培養積極向上的樂觀態度 ……………………056
2. 點燃內心深處的自信火焰 ……………………061
3. 善於挖掘自身的潛力 …………………………065
4. 全面提升自己的綜合能力 ……………………071
5. 努力克服性格上的缺陷 ………………………075
6. 在困境中勇敢鍛鍊自己 ………………………084
7. 勇敢在風險中抓住成功 ………………………089
8. 保持強烈的成功渴望 …………………………092
9. 在失望中嚮往成功 ……………………………098

四、孜孜不倦，知識賦予力量

1. 開發自身的學習潛力 …………………………104
2. 利用閒暇時間獲取寶貴知識 …………………110
3. 善於規劃自己的讀書時間 ……………………114
4. 在實踐中不斷自主學習 ………………………117
5. 成為一個勤於思考的人 ………………………122

五、彰顯個性，塑造良好形象

1 穿出風采，打扮得體協調 …………………… 126
2 注重儀容，保持端莊整潔 …………………… 134
3 神采飛揚，塑造健康形象 …………………… 137
4 文明瀟灑，舉止適宜得體 …………………… 142
5 彬彬有禮，展現紳士風度 …………………… 146

六、培養氣質，展現迷人風采

1 以微笑展現優雅氣質 ………………………… 150
2 學會幽默，取悅他人 ………………………… 152
3 開朗大方，展現個人魅力 …………………… 156
4 克服羞怯，掌控情緒 ………………………… 160
5 以氣質之美增添女性魅力 …………………… 164
6 以優雅風度展現女性韻味 …………………… 167
7 嫻靜格調使女性更顯迷人 …………………… 171

七、職場致勝，成就事業

1	選擇最能發揮潛力的職業	174
2	以敬業精神達成雙贏	177
3	以工作成果證明實力	180
4	勇於承擔工作責任	184
5	不為未完成的任務找藉口	189
6	靈活變通，在職場中游刃有餘	194
7	抓住展現才華的良機	199
8	學會適度展現自我	201
9	努力獲得上司的賞識	204
10	成為上司的得力助手	208
11	以全方位能力打造晉升實力	212
12	主動爭取升遷機會	220
13	將工作視為人生大事	224
14	熱愛自己的本職工作	226
15	以最佳精神狀態投入工作	229
16	主動積極地完成工作任務	233

八、廣結善緣，拓展人脈資源

1. 創造與人相識的機會 ……………………238
2. 利用工作之便結交朋友 …………………242
3. 利用關係網擴展人際交流 ………………246
4. 巧妙結交各界名流 ………………………250
5. 以德報怨，化解冤仇不結仇 ……………253

九、口才致勝，言語間展現智慧

1. 說話條理清晰，井然有序 ………………260
2. 言語準確，切中要點 ……………………263
3. 精心遣詞，準確表達思想 ………………266
4. 學會掌控說話的語氣 ……………………270
5. 少說為妙，避免言多失言 ………………275

目錄

前言

　　追求卓越是生命中最熾熱的因子，渴望成功是人生最活躍的本能。因為，成功意味著生命的富足與健康，成功代表著人生的幸福與快樂。儘管生活從來不會讓我們盡如人意，人生始終都是競賽般的艱辛，但成功的夢想，從人生開始的那一刻，就在我們每個人的心裡熱得滾燙。

　　要實現人生的成功，可以有無數種選擇，可以有無數條路徑，但都離不開人生的智慧。你可以勇敢地去追求，若是缺少了智慧，就只能是在虛幻中進行不切實際的勞動。你也可以不停地奮鬥，若是沒有智慧的支撐，就只能在無休止的煩惱中埋葬最初的熱情。

　　人生的智慧在於對生命的思考，而成功的人生在於讓智慧發光。

　　成功人生的大智慧，是生活的哲理，是處世的藝術，是立身的學問，是生存的技巧，更是一把開啟成功之門的金鑰匙。

　　人生是個萬花筒，每個人都以自己的方式，表現出獨具個性的色彩與姿態。如果缺少了智慧，就會使自己的人生黯然失色。也許我們一次不理智的拖延，錯過了春天的季節；

前言

也許我們一次不留神的衝動,夭折了未成熟的果實;也許我們一次不聰明的放棄,失去了與成功牽手的機會。因此,感悟成功人生的經驗,啟發自我的智慧能量,可以使我們的人生少走些彎路,少犯些錯誤,更快些與陽光擁抱,與成功交會。

人生的智慧豐富多彩,有許多成功的方法。如果你想把握未來的人生,那麼,善於學習、善於思索,就會裨益多多。本書將精彩的人生哲理、實用的人生路徑、最有說服力的人生經驗,盡收囊中,送給讀者,目的就是啟迪讀者對人生的思索,引發讀者對生活的感悟,讓讀者在智慧的海洋中,找到自己的成功之路。

一、
以德為本,修身立命

一、以德為本,修身立命

1 提升修養,做個品德高尚的人

具有良好修養的人,嚴肅而不孤僻,活潑而不放浪,穩重而不呆板,熱情而不輕狂,沉著而不寡言,和氣而不盲從。修養可使人成為完善的人。

傳統的修養觀還認為:「修身首先要正心。」修身的意思絕不僅限於外表的修飾,更重要的是內心的修養,即所謂的「欲修其身者,先正其心」。

當代人更應該了解進行道德修養的必要,良好的道德品格不可能與生俱來,只有透過長期的修養才能形成。青年應該按照時代的要求,培養形成高尚的道德品格,如克己奉公、忠誠老實、謙虛恭謹、堅定勇敢、積極進取、刻苦耐勞、助人為樂、正直善良、知書達禮、遵守法紀等等。

修養是實現道德規範的關鍵要素,必然具有歷史的內容與多層次的結構。在奴隸社會,強調修養,是為了維護擁有者的權威,形成奴隸對擁有者的屈從和人身依賴,以及對擁有者的絕對忠誠。在封建社會,除了維護封建宗法等級外,還有圍繞忠、孝、節、義、禮、智、信等一系列道德規範的信條,但其中亦包含了不少合理的因素。

孔子15歲開始,立志研究學問,修養道德,終於成為

聖人。從孔子的例子看來，偉大的人格，是從不斷地修養得來的。

封建社會的道德觀不免帶有歷史的局限，在科學發達的今天，人們的道德觀昇華到新的境界，但「浩然之氣」的修養卻始終是人身修養的關鍵內容。

誰想成為一個有道德的、高尚的人，誰就必須自覺地進行道德修養，除此之外，別無他法。

素有「禮義之邦」之稱的中國，歷來就講究道德修養，講究高尚的情感和堅貞的節操。

在歷史上，有多少高風亮節的英雄豪傑！「精忠報國」，展現了岳飛的高尚情操；「人生自古誰無死，留取丹心照汗青」，展現了文天祥的浩然正氣；「先天下之憂而憂，後天下之樂而樂」等格言佳句，更是被人反覆傳誦。

有一段讚美花的格言，其實正是對高尚情操之美的形象讚譽：「人們喜愛花，因為它無私地為美化人間而盛開；人們讚美花，是因為它無畏地為人間豐收而自落。」

政治家注重學習修養，文學家也注重學習修養，鑽研自然科學的人同樣注重學習修養。

當今世界科學技術的發展日新月異，突飛猛進，若不加強修身養性，就會使人閉目塞聽，夜郎自大，惰於思索，忘乎所以。不願意鑽研和深入學習，滿足於微不足道的「知

一、以德為本，修身立命

識」，都是智力貧乏的原因。這種貧乏通常用兩個字來概括，那就是「愚蠢」。要醫治「愚蠢」，變驕傲成謙虛，化自卑為進取，自覺主動地向知識的金字塔挺進，在智慧的海洋上泛舟，塑造完美的人格，別無妙藥祕方，只有加強學習修養。

歷史上任何一次躍進，都是以提升人的素養為先導的。人的素養主要靠修習，靠「後天習得」。它包括思想特性、智力特性和體能特性。這些成為人們主動地認識世界和改造世界的內在力量。

修養，要注入時代的新鮮內容。

修養，不是要我們成為畏首畏尾、小心翼翼的人。富有創造精神，亦是修養的重要目標。

修養，並不是把每個人都塑造成同一個模樣。人的才能和性格各有不同，每個人都可以根據自己的天賦和優點，盡量向好的一面去培養和發展。所以，無論在什麼情況下，我們都不要自暴自棄，應該好好地珍惜自己，好好地修養自己的身心。

修養，是使人成為人才的大道，它的目的是使個體的人具有人類中先進人物所共有的精、氣、神。

修養，不是束縛，而是解放。

一位心理學家曾經進行過一項長達 30 年的實驗，他挑選了 1,000 名智力天才兒童進行追蹤實驗。這些智力相近的

優秀兒童，後來成就卻相差很大，有的做出了舉世矚目的成就，有的則平庸無奇。

心理學家仔細研究了20%最有成就的對象和20%成就最低的對象，發現他們之間最大和最顯著的差別不在於智力，而在於意志、信念、進取心等非智力因素。

智慧與修養是一對雙胞胎。人的修養程度，決定自身的潛在智慧能否充分發揮，從而決定人在事業上的成敗。

■ 一、以德為本，修身立命

2　克制自己，心存仁愛為他人著想

　　每個人在社會上都不是孤立的，人們都願意建立良好的人際關係。而仁愛則是實現人際關係和睦與融洽的媒介。具體來說，仁愛之心包括三個方面。

(1) 推己及人解人意

　　推己及人，就是用自己的心思去推測別人的感受，設身處地地替別人著想。

　　《論語·衛靈公》記載，孔子的學生子貢問孔子：「老師，有沒有一個字，可以作為終身奉行的原則呢？」孔子回答說：「那大概就是『恕』字吧。」為了使子貢確切明白「恕」的道理，孔子補充說：「己所不欲，勿施於人。」子貢便照著老師的教導去做。有一天，他對孔子說：「我不欲人之加諸我也，吾亦欲無加諸人。」意思是說：我不喜歡別人強加在我身上的，我也不要強加在別人身上。子貢的話，可以說是「己所不欲，勿施於人」的最恰當的解釋。

　　推己及人，顯示了寬容體諒的道德情懷，是延續已久的傳統美德。中國古代之所以被稱為禮義之邦，是與此分不開的。

2　克制自己，心存仁愛為他人著想

今天，隨著社會的不斷進步和發展，人們的交往越來越密切，人際關係也越來越複雜。所以，在前人優良傳統的基礎上，繼承和發揚推己及人的美德，維持良好的人際關係，就顯得尤為重要了。

怎樣才能做到推己及人呢？它要求我們以愛己之心來對待周圍的人，無論做什麼事，都要以自己的感受，去體會別人的感受，以自己的處境，去想像別人的處境；站在對方的位置上，將心比心，把別人當做自己對待，設身處地為對方著想。比如，你不喜歡別人傷害你的自尊心，你就不要傷害別人的自尊心；你不喜歡被他人造謠，你就不要對他人造謠；你不希望被騙，你就不要騙人；你不願意有聲音干擾你讀書，別人讀書寫字時你的動作就要輕一些。如果你能夠站在別人的角度為他人著想，你就不難找到妥善處理問題的方法，你就會成為一個通情達理的人，並能得到別人的理解。即使未能獲得別人的理解，自己也是問心無愧，因為自己是在堂堂正正地做人。

要做到推己及人，首先要做到「己所不欲，勿施於人」，然後進一步做到「己欲立而立人，己欲達而達人。」孔子對他的學生子貢說：「夫仁者，己欲立而立人，己欲達而達人。」意思是說：一個有仁德的人，自己想要站得住，同時也幫助別人站得住。自己想要事事行得通，同時也要幫助別人事事行得通。使自己站得住那是「己立」，幫助別人事事行得通，

一、以德為本，修身立命

那是「達人」。「己立立人」和「己達達人」是推己及人的積極表現。

當然，推己及人是有適用對象的。對善良的人，對奉公守法的人，應該對他寬宏諒讓；對居心不良的人，對不法之徒，則須堅決與之對抗。否則，養虎遺患，禍害無窮。

推己及人這種替別人著想的道德情懷在全世界都有著廣泛的影響。據說國際紅十字會總部裡，就懸掛著孔子「己所不欲，勿施於人」的語錄，展現了人類對美好人際關係的嚮往。

(2) 克己利人多奉獻

有一個人，愛計較個人利益，爭功諉過，調級伸手，而且工作避重就輕，吃苦受累的事推給別人，沾光得彩的事搶在前頭。遇到要去外地出差，他冬天挑南方，夏天挑北方，不冷不熱的季節挑富區不挑窮區。若是不能如願，就說自己「吃了虧」。由於他總想占便宜，有人就私下替他取了個外號，叫「老占」。

由「老占」的事，聯想到我們的生活、工作中也確有那麼一些人，他們加入團體時，曾經有著遠大志向，想要為他人奉獻，第一個吃苦，最後一個享受。將好處留給他人，自己樂於吃虧。但是後來，卻放鬆了這樣的節操，受「只占便宜不吃虧」的利己主義觀念影響，漸漸變得像「老占」那樣，心

2 克制自己，心存仁愛為他人著想

胸比針眼還小，對個人利益錙銖必較，由他人的榜樣變成了奚落的對象，更有甚者，成了菸酒糖茶、金銀錢財的俘虜，淪為眾矢之的。這種人生價值觀的萎縮帶來的道德的淪喪、人品的渺小，無疑是可悲的。

其實，一個人如果打定主意「只占便宜不吃虧」，那是絕對行不通的，因為它違反了生活的辯證法則。

人生悠悠萬事，有言道：「世上只有簡單兩件事：吃虧跟占便宜。說到底，世界上之所以要有革命，正是為了改變舊時代那種少數剝削者總是占便宜，辛苦勞動的人總是吃虧的不合理的社會制度。而要鞏固革命的成果，更需要後人學習並延續革命者克己利人的奮鬥精神。

(3) 忍讓他人風度佳

兩個人從獨木小橋的兩端，同時走到了橋中間，而小橋的寬度，只能容許一個人邁步，怎麼辦？房子裡有四個人聊天，有人送來三個蘋果，誰吃誰不吃？在交叉路口，兩個騎腳踏車的人無意中相撞倒地，是互相指責，大打出手呢，還是互相說「對不起」、「沒關係」？別人無緣無故開你玩笑，甚至真真假假損你一頓，你又怎麼辦？……生活中幾乎到處都有這種矛盾，而且幾乎天天都有這種矛盾，在這種看來不爭就要「吃虧」的情況下，應該採取什麼態度呢？

生活是動態的，矛盾無時不在，無處不在，關鍵是要有

一、以德為本，修身立命

個正確的態度，妥善地處理矛盾。一個「讓」字，往往是妥善地解決矛盾的關鍵。許多事情如果各自寸步不讓，那就只好怒目相向，拳腳相向；而高姿態，有風度的帶頭禮讓，則可能使僵持的矛盾迎刃而解。

相傳唐代有位張公藝，數代同堂，闔家和睦。唐高宗要他談談治家訣竅，這老兄一連寫了一百個「忍」字，意思是說，彼此忍讓，是家和之本。相傳清朝初年一名官員，母親來信說家裡因蓋房砌牆與鄰居發生爭執，要他出面，董篤行便寫了一首詩寄給母親，詩云：「千里捎信只為牆，不禁使我笑斷腸。你仁我義結近鄰，讓出兩牆又何妨。」其母照辦後鄰居受到感動，也主動退讓，爭執便迎刃而解。

清代中期，還有個「六尺巷」的故事。據說當朝宰相張英與一位姓葉的侍郎兩家毗鄰而居，都要起房造屋，為爭地皮，發生了爭執，張老夫人便修書告狀，要張英出面介入。這位宰相到底見識不凡，看罷來信，立即作詩勸解老夫人：「千里修書只為牆，再讓三尺又何妨？萬里長城今猶在，不見當年秦始皇。」張家見書明理，立即把院牆主動退後三尺；葉家見此情景，深感慚愧，也馬上把院牆讓後三尺。這樣，張葉兩家的院牆之間，就形成了六尺寬的巷道，成了有名的「六尺巷」。事情就是這樣，爭一爭，行不通，讓一讓，六尺巷。

2　克制自己，心存仁愛為他人著想

　　禮讓不僅僅是為了息事寧人，也是建立進步社會的內容之一。禮儀之邦的禮在何處？儀在哪裡？「讓」便是具體內容之一。而所謂「讓」，就是「厚人自薄」，就是先人後己，捨己為人，不怕吃虧。

　　當然，我們提倡人與人之間的禮讓，並不是無原則的忍讓，更不是逆來順受。而是在不違背正常價值觀與集體利益的情況下，可讓當讓。

　　仁愛之心，是人類生存和社會發展最基本的精神力量。它能融化人的孤獨感和疏離感，使人與人的關係和睦溫馨，人們應當常懷仁愛之心。

3　一諾千金，承諾必須兌現

一諾千金，誠信無價。

立下承諾便應守諾。你無論對任何一件事許諾的時候，都必須慎重地斟酌，它價值千金！無論對大人對小孩，對戀人對僕人，對妻子對父母，對同事對朋友，對上司對下屬，對名人對凡人，對老師對同學，對什麼人都是這樣。也無論大的許諾小的許諾，眼前的許諾將來的許諾，任何許諾都是這樣，在何時，許諾也都是這樣。你的許諾價值千金。

做出許諾之前，你首先得斟酌它對人有無意義，有多少價值，不可發出對人沒有意義和價值的許諾。其次，你得斟酌你有無時間、精力和才能實現你的許諾，如果沒有足夠把握時你絕不可立下承諾。你還得多方猜想，實現你的許諾是否還需要其他條件的輔助，你具備那些條件嗎？凡沒有把握實現時，你最好不要做出許諾。

當然，如果你嫌這樣太瞻前顧後，太小心翼翼，有時你也不妨做出一些大膽的許諾。只是你在做出許諾的同時，必須告訴對方可能出現的各種麻煩和無法實現的可能性，亦即不要把話說得太絕對，以讓人家事先有心理準備，一旦未能實現，不至於過分地對你失去信任。

3　一諾千金，承諾必須兌現

你在許諾時如果未留任何餘地，那就要想方設法地實現它，以後也不要尋找任何不能兌現的理由。說話未能做到，許諾未能兌現，即使你把理由說得頭頭是道，極為充分，人們也不會完全相信的，也許口頭上暫時理解你，寬恕你，可是內心深處無疑添進了一絲不信任你的念頭。若第二次、第三次仍然如此，他再也不會諒解你，相信你了，你便失去了信譽。

生活中，信守諾言和約定，看起來似很簡單，做起來卻相當困難，你只要稍有疏忽，就可能無法赴約。有時候你認為別人可能不需要你的服務，如果這種自我安慰的想法讓別人知道了，就會讓別人覺得你是個懶人。

而且你可能也有僥倖心理，以為別人能原諒自己，你這種怠惰的心理讓人一看便明白了。

所以，你在對待別人時，千萬別輕易許諾，許了諾，便一定遵守，別人會被你的態度所打動，他們認為你是一個有信者，從而會信賴、依靠於你，你在生活中便會戰無不勝，攻無不克。

一個人的信用越好，就愈能成功地開啟局面，做好工作，你應對的人愈多，你的事業就做得愈好。

所以，你必須重視你自己所說的每一句話，生活總是照顧那些講話算數的人，食言則是最不好的習慣，人生要成功，必須改變自己這一項致命的缺點。

一、以德為本，修身立命

不管你在何種情況下做什麼事情，但你總要對自己所說的話負責。你用自己的行動說服別人的異議，讓他們親眼看到你所做的都是為了他們的利益。為了遵守諾言，你可以放棄其他的事物，給人一張可信賴的面孔。

你要讓你的信用代表你，讓你的名字走進每一個與你打過交道的人心中，你要使他們信賴你，覺得你是一個可靠的人。

如果你以前沒有運用這個祕訣，那麼，你現在便開始吧！

一個人的功成名就，外在客觀因素只有輔助作用，最主要的是靠自己的奮鬥與努力。信譽也只能由自己去搏取，不能依靠別人的施捨。男子漢大丈夫，就應當「金口」一開，絕不食言。

獲得眾人的信任，打造自己的信譽，不論你採取何種方法，但真誠、守信及勤勞是最根本的要訣。

如果說實現對自己許下的諾言是負責任的表現的話，那麼同樣地，別人遵守諾言也是誠實、負責的表現。

承諾的力量是強大的。遵守並實現你的承諾會使你在困難的時候得到真正的幫助，會使你孤獨的時候得到友情的溫暖，因為你信守諾言，你的誠實可靠的形象推銷了你自己。

4 寬容大度，包容他人難以忍受的事

古語說：「將軍額上能跑馬，宰相肚裡能撐船。」這句話道出了豁達之人的肚量。

一個人是否具有「豁達大度」的心胸並非小事。它不但關乎到自己的工作、學習乃至自己的生命和健康，而且關係到事業的興衰與成敗。

我們生活在社會人群中，人與人之間發生矛盾、產生誤解是常有的事。如何處理好這方面的問題，我們的祖先留下許多亮眼的思想和可供借鏡的經驗。明代朱袞在《觀微子》中說過：「君子忍人所不能忍，容人所不能容，處人所不能處。」以寬厚的態度待人，並非軟弱無能，而是自信的表現，是正義的行為。尤其是「以德報怨」的高風亮節，可以使人反躬自問，心悅誠服。史書上記載了許多「以德報怨」的感人故事。

梁國有個叫宋就的人，在一個邊境縣當縣令，這縣和楚國交界。梁國的軍營和楚國的軍營都種瓜。梁國軍營的人勤勞，多次澆灌，瓜的長勢很好。楚國軍營的人很懶惰，不常澆灌，瓜長得不好。楚國縣令因梁國的瓜長得好，惱恨自己的瓜長得不好。楚國軍營的人也惱恨梁國軍營的人比自己

一、以德為本，修身立命

強，因此夜間就偷偷地去毀壞梁國的瓜，把瓜藤都弄壞了。梁國人發現後，就去請示他們的縣尉，也想進行報復，偷偷地毀壞楚國的瓜藤。縣尉請示宋就，宋就說：「怎麼可以這樣做呢！和人結怨，是惹禍的行徑。人家對我們不好，我們對人家也不好，這是多麼狹隘呢！你們若聽我的教導，就每夜派人偷偷地去為楚國澆瓜，不要讓他們知道。」於是，梁國人就在夜晚偷偷地去澆灌楚國的瓜。楚國的人早上到瓜地一看，都已澆過了，瓜的長勢一天比一天好。楚國的人很奇怪，就去注意觀察，原來是梁國的人做的。楚國的縣令聽說了，非常高興，就把這事報告了楚王。楚王聽說後，感到很慚愧，就用重禮對梁王表示感謝，並請交好。

《續漢書》中記載了曹騰的父親曹陰「以德報怨」的故事：他的鄰居餵了頭豬，長得和曹家餵的豬模樣相似。有一天，鄰家的豬走失了，他便到曹家來，說曹家這頭豬就是他家走失的那頭。曹陰心裡知道他搞錯了，卻不和他爭辯，二話不說，就讓他把豬牽走了。後來，鄰家的豬又自己跑回來了，他這才知道弄錯了，心中很慚愧，趕忙把豬趕還曹家，這時曹陰仍是二話不說，只是微笑著接受了。曹陰的態度和氣量，對丟豬的鄰居是一種無聲的感染和教育。

有的人遇到事情想不開，甚至為芝麻小事，也吃不好飯、睡不好覺，自己折磨自己。也有的人覺得謙讓「吃虧」、「窩囊」，因而在非原則矛盾面前，總以強硬的態度出現，甚

至大動干戈,結果非但不能使矛盾緩解,而且丟了自己的人格。因而,每一個人都應培養自己「豁達大度」的美德。

大度能容,和以處眾,是在人際交往中高水準的表現。有一句話說:忍一時風平浪靜,退一步海闊天空。說明在為人處世,人際關係之中,當以寬大為懷,忍己心之不快,寬他人之小過,是為君子風度,也是交際素養的最全面展現。

多一份寬容,就多一份快樂;多一份寬容,也就多一份真誠。

在人際交往中,保持寬大的胸懷,全面展現自身的交友素養,這樣你就會獲得朋友,就會在人生事業上新增一臂之力。

交友並非一廂情願,而是相互理解、相互寬容。對方讓一分,自己讓十分,滴水之恩,當湧泉相報。當然這一點在實際中做起來非常不易,它對人的素養提出了較高的要求,不具備這種素養或是不能展現自身素養的人,都做不到這一點,對方給予了,自己卻不能付出,這樣當然也不會結成好朋友。

對朋友寬容是指對朋友的人生觀、價值觀、信仰及思想認知、言論等給予充分的理解和尊重。既允許朋友的個性差異,也要以寬容為懷,原諒別人。

其次是目光高遠。一個目光高遠的人,就能從全域性、

一、以德為本，修身立命

從集體利益來考慮問題，就能置區區小事於不顧。唐代王之渙的《登鸛雀樓》就闡明了「登高望遠與博大胸襟」的道理。詩曰：「白日依山盡，黃河入海流。欲窮千里目，更上一層樓。」詩的字裡行間閃爍著哲理的光輝：站得愈高，看得愈遠。啟示人們：做任何事情，只有目光高遠，才能看得廣闊，才能心胸開闊。

再次是要克己忍讓。在社會人際往來中，總會遇到一些「不仁義」之事。如果自己總是耿耿於懷，那不是自尋煩惱，自己難為自己嗎？人與人之間發生了矛盾、誤會，需要有一點克己忍讓精神，並不是比別人矮了半截，而是展現了自己的高風亮節。

世界上最寬闊的東西是海洋，比海洋更寬闊的是天空，比天空更寬闊的是人的胸懷。男人應該大度能容，和以處眾。

5　無欲則剛，抵擋住生活中的誘惑

壁立千仞，無欲則剛。一個人若能去除私慾，就能無所畏懼；無所畏懼，就能一身正氣，剛正不阿，辦事公道，成就事業。

「無欲則剛」的「欲」，乃「欲望」之欲。欲望的意思是「想得到某種東西或想達到某種目的的要求」。

欲是人的一種生理本能。人要生活下去，就會有各式各樣的「欲」：餓了有食慾，渴了有飲欲，困了有睡欲，冷了有暖欲，缺東西用時有物欲，情竇初開時有情慾。

但是，凡事總要有個限度。欲望多了、大了，就會生出貪心；欲望過多過大，必然慾壑難填。貪求私慾者往往被財慾、物欲、色慾、權欲等等迷住心竅，貪求不已，終至縱慾成災。

貪求私慾的危害實在太大了。《韓非子·解老》說：「有欲甚，則邪心勝。」私慾太多，邪惡的心思便占上風。《劉子·防欲》說：「欲熾則身亡。」私慾太強烈了，會使人喪命。《慎言·見聞篇》說：「貪慾者，眾惡之本。」把貪求私慾作為一切罪惡的根源。貪慾，不知吞食了多少無辜良善，又不知使多少人作繭自縛，身敗名裂。貪慾還能禍國亂天下。唐玄宗

一、以德為本，修身立命

李隆基在位前期，勵精圖治，將唐王朝推上盛世的頂點，這就是歷史上有名的「開元之治」、「天寶盛世」。後來，他窮奢極欲，享樂無度，寵幸楊貴妃，從而導致了延續八年的「安史之亂」，致使生靈塗炭，山河失色，唐王朝由此轉盛而衰。

中國傳統文化強調「義以為上」、「見義勇為」、「殺身成仁」，即要有為了堅持正義勇於犧牲個人一切的精神。而剛正不阿的品德，則是這種精神的展現，也是古今賢人在道德修養方面所追求的目標。林則徐曾手書一副自勉堂聯：「海納百川，有容乃大；壁立千仞，無欲則剛。」上聯告誡自己廣泛聽取各種不同意見，下聯砥礪自己杜絕私慾，做剛正不阿的好官。

《後漢書‧酷吏列傳》記載，董宣任京都洛陽令時，湖陽公主（漢光武帝劉秀的姐姐）的家奴，無端打死賣唱的父女二人，董宣智捕凶犯，就地正法。公主告到劉秀那裡，劉秀要將董宣亂棍打死，董宣陳述事情緣由後，「以頭擊楹」欲自盡。劉秀見狀，又讓太監架著董宣，強迫他向公主磕頭謝罪，而董宣「兩手據地，終不肯俯」。劉秀見他鐵骨錚錚，稱之為「強項令」，即剛正倔強，不可使之低頭屈從的縣令。董宣的「剛」，源於「無慾」。他一心秉公，不惜生命，不戀官位，至於生活，更是儉樸，74 歲時死於任上，「布被覆屍」，家中僅有一輛破車和幾斛大麥而已。

5 無欲則剛，抵擋住生活中的誘惑

今天，面對錯綜複雜的大千世界，面對來自各方的種種誘惑，男人將何以處之？「無欲則剛」這一警語可作為立身行事的指南。「人若無慾品自高。」就是說，人若沒有私慾，品格自然高峻潔清，不染塵泥。社會上還存在著假、惡、醜現象，純潔社會、淨化風氣則是我們要擔負起來的一項長期的重要任務。對此，我們青少年責無旁貸，當仁不讓。「無欲則剛」的操守，將使我們能在遮蔽雙眼的迷霧中辨明方向，勇往直前；將使我們在與邪惡的對抗中伸張正義，克敵致勝。「無欲則剛」，使人如同蒼松翠柏，不怕烏雲翻捲，不怕雨暴風狂，挺立世間，永不摧折。

一、以德為本，修身立命

6　努力遺忘他人的過錯

　　曾有人說：天下沒有全才，也沒有廢才；天下沒有不犯過錯的人，也沒有一無是處的人。人才要量才而取，並能取長補短，這才是一個真正的容人、用人的準則，也是展現一個男人豪氣與度量的重要方式。

　　拿破崙（Napoleon）在這一點上深得要領。凡是他需要用的人才，都盡力設法招攬，即使在敵方的陣營中，也要想方設法使他跳槽到自己的陣營來。有幾位仇視他的軍官，也是拿破崙最為看重的將領，他想辦法輪流呼叫，如聖西爾（Gouvion St Cyr）、麥克唐納（Alexandre Macdonald）、利科布等人。拿破崙「用人不為私人的憤怒仇怨而犧牲其政策的需要」，可以說是拿破崙深諳事業成功祕訣的要領。

　　陸宣公在他的《奏議》中說：「史書中敘說項羽之所以失天下的原因時說：『對於有功的人無所設立，對於有過的人無所遺漏。』管仲論鮑叔牙之所以不能挑相國的重擔，就在於『聽到他人的過錯，終身不忘記』。」又說：「驅駕擾馴，僅在於馭手的本領。早上還是稱凶逆，晚上就可以稱忠純；開始做賊寇，最終做卿相。知道陳平沒有好形跡，也不捨棄，忿怒韓信自封王就封王，蒯通以理論獲赦免，雍齒以積恨先

6　努力遺忘他人的過錯

受賞。這是高祖之所以成就帝業的方面。放棄射鉤之罪而任用他的才能，放棄斬首的怨恨以免於難，這是齊桓公之所以稱霸立業的方面。然而就當事者而言，雖有罪惡也不得不寬容。根據情況的適宜，雖是大仇敵也不得不任用。」

這段宏論評論的是領導人物應該處世大度的至言。

「大丈夫應當容人，不要被人所容。」孫中山先生的氣度也是宏大的。常人只知道他人的見解和行為是錯誤的、狹小的、幼稚的，而不知道自己也會採取同樣的態度，幾乎與別人同出一轍。

忘記他人的過錯是有好處的，它可以使你正視他人的長處，並加以運用。有志成功的男人不妨一試，努力忘記他人的過錯。

一、以德為本，修身立命

7　坦然接受來自他人的指責

「人非聖人，孰能無過？」只要你活著，勢必會受到各式各樣的批評，尤其是對你期望愈高的人便愈會指責你。有時，即使數千數百年前活著的人，同樣得承受後人的無數指責和批評。

別人之所以前來對你進行批評和指責，必定是以他的思維邏輯認定了你是錯的，並且使他們不滿意。一則常常是因為責任，二則可能是因為習慣，會使別人對你的不滿如鯁在喉，不吐不快。既然別人找上門來提出意見，對方必定以為你會或是應該接受他們的意見，此刻他們可能正處於感情衝動之中，如果你勃然大怒，把對方羞辱一番或加以反向指責，那麼一場指責循環也就這麼開始了。通常，這是絕無善終的，無論對方是誰，你都已經將他得罪，並且還敗壞了自己的形象和好聲譽。

停止這種惡性循環的唯一方法是，在面對別人的指責時，盡量超脫一些。此刻只需記住對方提出指責的要點，以後考慮。別在當下作出任何反應，更必須過濾對方指責中的非理性成分——充耳不聞，避免使它們刺激你的神經，使你失去理智。既然別人是深思熟慮而後提出了意見，你也理應

7　坦然接受來自他人的指責

加以考慮，對方不可能因此而對你不滿意，相反，他們可能會更感安慰。「你的意見很好，能不能讓我考慮考慮？」這也許是在面對指責時的最佳答覆。

面對批評，應當按下面的原則去處理：

1. 盡量使來者坐下面談，這樣可以大大緩和緊張空氣。替對方沏杯茶會更加減少其單純的不滿情緒，也免使自己受到刺激。
2. 別表現出強烈的厭煩，更不要憤然拒絕批評而離去，這會顯得你沒有肚量，即使是「過分」的指責，你也應耐著性子聽。
3. 無論如何別打斷對方，反而要鼓勵對方把話說完，這可以更有效地使對方變得平靜，而你也可以心平氣和。
4. 不要跟一個情感衝動的批評者爭論，不要去指責對方言語中的失誤或失實。因為有時對方前來，只不過是要發洩一下不滿情緒 —— 他想提出的要求。分明無法做到，也不是你個人的過失，此時你若與之相爭，則會使問題變得更糟。
5. 絕不要在未聽完對方的指責之前就表態，但面對情緒激動的來者一再表示道歉，反而常可使對方語塞。
6. 換一句話把對方的意見說出來，表示你不僅認真聽了他的指責，而且態度誠懇。如此則不論你是否準備接受對方的意見，都會使之感到滿意。

一、以德為本,修身立命

　　學會藝術性地對待批評,也是使自己在大眾面前樹立一個「虛懷若谷」的好形象的好時機。即使對指責你的人心懷惡恨,你也最好在他們的指責面前不要出聲。

　　大眾輿論總是同情弱者,「脾氣好」的人必定會處處受人歡迎,而苛刻的指責者則會在大眾面前成為你的陪襯品,被更多的人在心中指責。我們應該坦然接受他人的批評。

二、
剛柔並濟,外圓內方的處世智慧

二、剛柔並濟，外圓內方的處世智慧

1　剛柔兼備，靈活運用方圓之道

剛就容易方，柔就容易圓。為人處世，方圓並用，剛柔並濟，才是全面的方法。如果只能剛卻不能柔，只能方卻不能圓，只能強卻不能弱，只能進卻不能退，必然歪倒失敗。

曾國藩曾說：「做人的道理，剛柔互用，不可偏廢。太柔就會萎靡，太剛就容易折斷。剛不是說要殘暴嚴厲，只不過強矯而已。趨事赴公，就需強矯。爭名逐利，就需謙退。」

從這裡可以看出曾國藩對老子的思想有深入的理解，他一生為人處世信仰老子的觀念，卻不公開談論老子的思想。所以雖居在功名富貴的最高處，卻能全名而歸，全身而終。在處理天下事時，有以剛取勝的，有以強取勝的，有以柔取勝的，也有以弱取勝的。所以老子提倡以柔弱守雌的方法。

商容張口問老子說：「我的舌頭還在嗎？」老子說：「在。」商容說：「我的牙齒還在嗎？」老子說：「不在！」商容：「知道這個道理嗎？」老子說：「不就是剛硬的容易敗亡，柔弱的而能存在的道理嗎？」商容說：「唉！天下的事情都是這樣。」這就是柔弱處世的方法，而受到歷代的傳承。

老子說：「人活著的時候，身體是柔軟的，死了以後身體就變得僵硬。草木生長時是柔軟脆弱的，死了以後就變得乾

1 剛柔兼備,靈活運用方圓之道

硬枯槁。所以堅強的東西屬於死亡一類,柔弱的東西屬於生長一類。」又說:「天下最柔弱的東西,可以攻入天下最堅強的東西,可以說是無孔不入。」「普天之下,再沒有什麼東西比水更柔弱的了,而攻克最堅強的東西,卻沒有什麼可以勝過水了。弱勝過強,柔勝過剛,這個道理普天之下沒有誰不知道,只是沒有人去實行。」道的本體是最柔弱的,所以有無窮的作用。因此,最柔弱的東西可以克制最剛強的東西。過於剛必然受折,過於強必然易敗。這裡能看出,儒家尚方,道家尚圓,誰更好呢?

事物不可到極端,到了極點就會走向反面。所以《易經》中說:「太陽到正中就要西斜,月亮圓了就要缺損。」老子又說:「用兵逞強就會遭致滅亡,樹木粗壯就會遭受砍伐。凡是強大的,總是處於下位;凡是柔弱的,反而居於上位。」這就是在「道」的最高原則下的大機大用,也是在「天地觀」、「歷史觀」中的大機大用。我們完全能稱它為「柔道」了。把它用於心術,就可以說是「柔道」的心術。把它用來處世,就是「柔道」的處世方法。把它用到政治上,就是「柔道」的政治。

漢代光武帝親臨章陵,在那裡修廟宇,蓋祠堂,建田莊,飲酒作樂,大行賞賜。正好皇族中的長輩與母后,因喝酒喝得高興了,相互說道:「文叔(光武帝)年輕時謹慎、守信用,對人不屈服、不招待,現在既剛強又柔順了。」光武

二、剛柔並濟，外圓內方的處世智慧

帝聽到後，哈哈大笑說：「我治理天下，也想依柔道而行。」所以說柔道的作用，不僅可以持身受用，治理天下也大有作為。

剛而能柔，這是用剛的方法；柔而能剛，這是用柔的方法。強而能弱，這是用強的方法；弱而能強，這是用弱的方法。這四條，大的可以用來治理國家天下，小的可以用來持身處世。

明朝呂坤說：「方與嚴是待人的大弊病，聖人待人，只在於溫柔敦厚。所以說：『廣泛地愛護人民，叫做和而不同。』只任憑他們悽悽涼涼，冷傲清高，便是世間的一個障礙物。持身方正，獨立不苟，是不能用世的人才。這只能算一個性情正直，不肯同流合汙的人士罷了。」

古人言：矯矯者易折，皎皎者易汙。做人亦是同理，須剛柔兼濟，欲速不達，過猶不及。

2　圓中有方，做事不忘原則

圓中有方，即不忘原則，方外有圓，即要靈活應變；方圓結合，才能在為人處世中遊刃有餘。

圓中容方，從整體與部分、共性與個性的角度講，是指不同物質和個性的個體和諧共存，允許在遵守共同規則的前提下發展個性。比如當今的世界，講多元文化共同存在，共同發展。各民族、各個國家的文化是方，所有的方合起來就是一個圓，是整個人類文化的整體。不同民族、國家的文化互相尊重，互相學習和包容，猶如不同個性的人互相尊重與和睦相處。

從人生的原則性和靈活性上來說，圓中容方是指特定條件下的一種處世方法。尤其是在亂世、困境、險境之中，人不能事行直道，不得不小心謹慎，講究權變。有時為了大的原則、大的利益而不得已犧牲或違背小的原則、小的利益。比如《論語》中孔子對管仲的評價。

管仲原本是輔佐公子糾的。公子糾和齊桓公是兄弟，也是政敵。齊桓公殺了公子糾，管仲不但沒有為公子糾殉死，反而當了齊桓公的宰相。有人說管仲不仁，孔子說，管仲這個人是很了不起的。他幫助齊桓公九合諸侯，沒有使用武

二、剛柔並濟，外圓內方的處世智慧

力，使天下得到了安定，老百姓如今還受到他的恩惠。如果沒有管仲，我們今天很可能都成了野蠻人了。他為天下和國家做出了這麼大的貢獻，不是一個只知道自己上吊，倒在水溝裡默默無聞、白白死去的普通老百姓所能比的。

管仲為齊桓公做事，對公子糾來說是不忠、不仁、不義，從個人處世的角度講是圓而不方。但是，他為天下國家做出了貢獻，為天下百姓盡了大忠、大仁、大義，可以說是圓中有方，沒有違背天下的大義、大原則。所以孔子不但沒有否定他，還充分肯定了他的偉大功績。

「圓中容方」的另一個例子是馮道。

中國在唐、宋之間，五胡亂華的幾十年間，都是胡人統治。五個朝代，都請馮道出來做官，而他對每個君主都表現出忠心。可見他「圓」到了極點。對馮道的這種行為，歐陽修罵他無恥，認為他替胡人做事，沒有氣節。而同時代的王安石、蘇東坡等人卻認為他了不起，是「菩薩位中人」。

馮道的一生，可謂是「圓中容方，不忘大原則。」儘管他在胡人統治的朝廷為官，但他本人的生活卻十分嚴謹，即不貪財，也不好色。在他的謹慎和圓滑中，他始終堅守著自己的人生大原則。他認為在當時的歷史背景下，最重要的是保有文化的精神和民族的命脈，以待國家出現真正的君主。他死後很多年，才出現了宋太祖趙匡胤，建立了大宋王朝。

2　圓中有方，做事不忘原則

方，是原則性；圓，是靈活性。做任何事，只有將原則性和靈活性好好地結合起來，事情才辦得好。

二、剛柔並濟，外圓內方的處世智慧

3 忍小謀大，不以蠻勇爭鋒

身為現代人應該把握時機，不貿然行動。把握住時機則能由弱變強，由小變大。如果不知把握時機，非得棄弱逞強，到時非但不能實現自己的目標，反而會輸得一塌糊塗。歷來成功的從政者都知道「忍」字是傳家寶，能忍者方能伺機待時，等到自己有足夠的力量與對手抗爭時方猛地反擊，定能一戰而勝。

日本人講一個「忍」字，是要培養自己剛強的毅力和堅韌的耐力。能忍得旁人所難以忍受的東西，才能使自己能屈能伸，不斷地累積實力，增強忍耐力和判斷力，這樣才能為將來事業的成功累積資本。

宋朝蘇洵曾經說過：「一忍可以制百辱，一靜可以制百動。」這就是說忍能抵擋千軍萬馬，可以說是「忍小謀大」的策略。

孟獲是三國時蜀國南方一帶的首領，率眾起兵反叛，諸葛亮奉命率兵去平定。當諸葛亮聽說孟獲不但作戰勇敢，而且在南中各個地區的部族人民中很有威望，想到如果把他拉攏過來，就會使蜀國有一個穩定的大後方。於是，下令對孟獲只能活捉，不許傷害。當蜀軍和孟獲的部隊初次交鋒時，

3 忍小謀大，不以蠻勇爭鋒

諸葛亮指示蜀軍故意退敗，引孟獲追趕。孟獲仗著人多勢眾，只顧向前猛衝，結果中了蜀軍的埋伏，被打得落花流水，自己也做了俘虜。當蜀軍押著被五花大綁的孟獲回營時，孟獲心想此次必死無疑，便刁鑽耍橫，破口大罵。誰知諸葛亮不但立即讓人為他鬆了綁繩，還陪他參觀蜀軍營地，好言勸他歸降。但孟獲野性難馴，不但不服氣，反而倨傲無禮，說諸葛亮耍詐。諸葛亮毫不氣惱，放他回去，二人相約再戰。

孟獲跑回去之後，重新整頓軍隊，又一次氣勢洶洶地進攻蜀軍，結果又被活捉。諸葛亮勸降不成，又一次把孟獲送出大營。孟獲脾氣也很硬，回去又率人來攻並同時改變進攻策略，或堅守渡口，或退守山地，卻怎麼也擺脫不了諸葛亮的控制。一次又一次遭擒，一次又一次被放。到了第七次被擒，諸葛亮還要再放，孟獲卻不肯走了，他流著淚說：「丞相對我孟獲七擒七縱，可以說是仁至義盡，我打心底佩服，從今以後，我絕不再提造反之事。」

孟獲回去之後，說服各個叛亂部落全部投降，南中地區重新歸屬蜀漢控制。自此，蜀國的後方變得穩定，南方各族人民也得以休養生息，安居樂業。

俗話說，事不過三。忍讓一次兩次都可以，再三再四就有些難以按耐。可是諸葛亮卻為了自己後方的穩定而對孟獲捉了放，放了捉，耐著性子忍下去，並沒有因為孟獲的行為

而放棄。諸葛亮之所以這樣做，就是想以德服人，使孟獲心悅誠服，下定決心不再叛亂。這就能夠使蜀擁有一個穩固安定的後方，使人民免於戰亂之苦，同時也能逐漸累積實力以對付魏、吳的覬覦。如果諸葛亮對孟獲的傲慢失禮和不識時務無法忍耐，抓住之後一刀殺掉，那也就只能出一時之氣，反而會激起其他族人的氣憤，群起效尤，那麼他不但會對此搞得疲於奔命，而且會因無暇顧及其他地方而使曹操和東吳有機可乘。所以忍與不忍的區別在於，不忍只能發一下眼前怨氣，忍卻能得到長遠利益。

當你忍無可忍之時，切記要告訴自己：「你會獲得更多。堅持了那麼久，不可功虧一簣。」這樣，你就會在自我暗示下，真正領略忍的藝術，成就一番大事業。

4　以迂為直，學會靈活處事

在與人交往的過程中，說話有時不可直來直往、正面交鋒，採取迂迴的戰術，才能出奇制勝。

假如你批評一個人的缺點，說話太過於直白，定會引起他人的反感和反駁，這時如果採取拐彎抹角的方法，既可以讓他人明白自己的錯誤與過失，又能夠使他人欣然接受、樂於改正。

有這樣一則故事，說歷史上的楚襄王整日遊手好閒，只求個人享樂，不斷打敗仗，不斷割地賠款，而且聽信小人讒言，國家離亡國之禍不遠了。莊辛屢次進諫都未成功，反遭襄王的反感，說他多言滋事，危言聳聽。

莊辛看到國家日漸衰亡，看在眼裡，急在心上，於是他又找到楚襄王，這次他採用了迂迴的方式勸說：「大王沒看到男蜻蜓嗎？有六條腿四個翅膀，上喝天上的甘露，下吃蚊子和牛虻，高飛時自由自在以為與人無爭，但牠哪知一個小男孩已在兩丈高的地方張開膠網，牠一撞上去就完蛋了，身首落地最終成為螻蟻的食物。但蜻蜓是小事，黃雀的遭遇是同樣的。黃雀飛下地就可吃到田裡莊稼的果實，向上一飛就可以回到牠的窩。牠的窩隱藏在茂密的大樹葉中，牠生活得

二、剛柔並濟，外圓內方的處世智慧

十分安逸，但牠哪裡知道，一位少年已經拉開了彈弓瞄準了牠。比起白天鵝，黃雀算不了什麼。白天鵝又美又能高飛，牠不僅能在蔚藍的湖水中洗淨羽毛，又能在碧天無垠的雲天上留下富有詩意的倩影，真是驕傲自在。但牠沒料到白天還在江湖中暢遊，晚上卻變成人們餐桌上的一頓美餚。比起蔡靈侯，白天鵝之死也算不了什麼。蔡靈侯整日荒淫無度，不理國事，自以為江山穩固，誰都拿他沒轍！但是楚靈王的軍隊不請自來，轉眼間他便成了楚靈王的階下囚，報應就是這麼快。」最後，莊辛把問題引到楚襄王的身上，他說：「比起大王的事，蔡靈侯也算不了什麼，您不認清秦軍打楚國的嚴重性，又怎麼能不步上蔡靈侯的後塵呢？……」

聽了莊辛的陳述，楚襄王的臉色漸漸發白，渾身發抖。他決心痛改前非，重振國威。

莊辛的進諫忠心可嘉，楚襄王為此獎賞了他，又因他勸君有方，被加封為陽陵君。

看完故事，筆者深有感觸。記得筆者上高中的時候，在一節國文課上，老師讓大家寫作文，筆者沒多久就把作文寫好了並交給老師，老師拿過筆者的作文，看了一下，對筆者說：「你的字寫得很漂亮，如果再工整點就更好了。」聽了老師的話，筆者十分高興，當時還以為是一句誇獎的話，等作文發下來的時候，筆者一看上面的字跡，的確很亂，有些字

連自己都無法辨認,不覺臉上陣陣發熱,心想,下次寫字一定要工整一點,不再亂七八糟了。

筆者十分佩服老師的說話藝術,如果她當時指正筆者的時候,直按說「你的字寫得很亂,像蜘蛛在爬。」筆者一定會不高興,反而會產生牴觸情之情,而她卻沒有這樣做,而是轉一個彎,先肯定筆者,使筆者易於接受,然後指出不足之處,在不傷筆者自尊心的情況下,使筆者愉快地接受了指教。

無論是與人交往,還是在談判上,說話有時採用以迂迴的方式,定能取得良好的成效,達到我們預期的目的。

■ 二、剛柔並濟，外圓內方的處世智慧

5　以退為進，善用策略退卻

以退為進，才能累積實力，看準目標。退一步，海闊天空，如果只進不退，一味鑽牛角尖，你會迷失方向，走進死巷。

從整體而言，中國的傳統文化主流是儒家文化，而儒家文化的處世觀、價值觀都是以「仁愛」為核心主體的。方圓處世術集中展現了儒家文化處世理論的精髓。它有方有圓，圓的形式，方的內涵；它有柔有剛，柔的外形，剛的內容。

人是一種社會性很強的動物，人的活動在相當程度上不是一種個人行為，而是一種社會行為，所以，人的活動也就必然要受到社會各種客觀條件的限制、制約。這就注定了人的活動不能完全按照個人的意願進行，那些不顧客觀條件限制一意孤行的人，注定是要失敗的。

既然人們的活動要受到社會客觀條件的限制，有頭腦的人在實施各種行為之前，就必定要評估自身和社會所具有的各種條件，也就是古人所說的「三思而後行」。在確定了行動目標和制定了行動計畫之後，就要堅定不移地按既定方針進行，這是要把一件事情做好所應具有的基本條件。

在按既定方針進行努力的同時，還要注意根據實際情況

5 以退為進，善用策略退卻

的變化隨時改變計畫，不能一味地追求冒進，就是說在不斷前進的時候，要懂得「退」。這時的「退」不是要行為者停止不前，更不是倒退灰心，而是為了更好地「進」。正所謂「以退為進」。

列寧曾寫過一本書，名字叫《進一步，退兩步》(*One Step Forward, Two Steps Back*)，講的就是這個道理。我們看田徑運動員在進行比賽時，往往是向後退一步，看準目標，然後猛然向前，這就是以「退」為「進」。「退」是為了積蓄力量，為更好的「進」帶來爆發力，這是一種自然行為的例子。在社會活動中，就更應該知道，「當進則進，當退則退」，要做大事，做大人物，就決不能像象棋中過河的小卒那樣，只知進，不知退。那樣做看似勇敢，實際上永遠只是匹夫之勇。

方圓處世術反對單純為了追求安逸的隱匿，卻主張為了養精蓄銳、靜候時機的隱退。

進是方，退是圓，只進不退，往往會撞得頭破血流；只退不進，必無所成。退是手段，退是為了更好地進。

二、剛柔並濟，外圓內方的處世智慧

6　避重就輕，巧應複雜局面

　　以其人之道，還治其人之身，避實擊虛，以詐制詐，以奸制奸，也是圓滑處世的手段之一。對於一個做事力求光明正大的男人來說，這表面上看來好像有點不夠清白，但是如果能夠確實使用這些方法來對付商場交際中遇到的奸詐之輩，肯定是最經濟、最有效的辦法。

　　1930年代的時候，英國商人威爾斯向香港茂隆皮箱行訂購了3,000個皮箱，價值為20萬港元。雙方簽訂的合約明確規定，全部貨物要在一個月之內全數交貨，若逾期不能交出達到要求的商品，那麼賣方需賠償英商損失費10萬元港元。

　　一個月內，茂隆皮箱行經理馮燦如期向英商交貨。然而威爾斯卻大言不慚地說，皮箱夾層使用了木板，因此這批貨不是皮箱，要求茂隆重做「真正的皮箱」。顯然，此時再去做「真正的皮箱」為時已晚，原來製作的皮箱不但要預支下大部分資金，還要平白無故地賠償10萬元損失費給英商。馮燦經理怒不可遏，但面對威爾斯的無賴行徑卻又可無奈何，多次交涉無效之後，雙方只能訴諸公堂，以求一個公正的評斷。

　　法庭開庭審理之後，港英法院卻有意偏袒威爾斯，好像馮燦經理已經「犯下」詐騙罪。這時，馮燦委託的律師羅文錦

6 避重就輕，巧應複雜局面

不慌不忙地站起來，冷靜地面對著強詞奪理、氣焰囂張的奸商和貌似公正、心懷私意的法官，隨手從上衣口袋裡掏出一隻英國倫敦製作的大號金懷錶，高聲問法官：

「法官先生，請問這是什麼錶？」

法官神氣地說：「這是大英帝國的名牌金錶，可是，先生，我提醒你一下，這金錶與本案毫無關係！」

「有關係！」羅文錦高舉金錶，繼續向法庭上的人大聲說道：「這是一塊金錶，尊敬的法官已有定論，恐怕沒有人表示異議吧？但是，我要問一下，這塊金錶除了黃金之外是不是就沒有其他的成分？這塊金錶除了錶殼鍍了少量黃金之外，內部構造都是純金的嗎？」

法官和威爾斯這才發覺中了「埋伏」，但為時已晚，自己言之確鑿的回答早已成為對方最有利、最無可辯駁的證據。在兩人垂頭喪氣之時，羅文錦不失時機地繼續說：「既然金錶中的零件可以不是金子，那麼，皮箱中為何非要全都是皮革呢？很顯然，在這個真假皮箱案中，原告威爾斯屬於無理取鬧，存心敲詐而已！」

天理昭昭，眾目睽睽，威爾斯理屈詞窮，法庭也不得不判威爾斯誣告罪，並罰款 5,000 元港幣結束此案。

如果在這個案件的審理中，羅文錦一味求理求直，只簡單強調理在己方，那麼雙方就會相持不下，最終只能以茂隆

二、剛柔並濟，外圓內方的處世智慧

逾期交貨認罰。而他巧妙地避實擊虛，曲迂求勝，以子之矛，攻子之盾，使敵人的弱點和心機全數暴露出來，從而取得了最終的勝利。

　　一個男人要想在紛繁複雜的社交關係中穩居主動，單靠行事原則的公正是不夠的。在適當的時候，以圓滑的手段來處理事情，才可達到事半功倍的效果。

三、
自我磨練,開發內心潛力

三、自我磨練，開發內心潛力

1 培養積極向上的樂觀態度

心態決定命運。積極的心態是一個人戰勝一切艱難困苦，走向成功的推進器。

成功學大師史東（Clement Stone）指出：人的心態隨著環境的變化，自然地形成積極的和消極的兩種。思想與任何一種心態結合，都會形成一種「磁力」，這種力量能吸引其他類似的或相關的思想。

這種由心態「磁力」，就像一顆種子，當它被培植在肥沃的土壤時，會發芽成長，並且不斷繁殖，直到原本那顆小小的種子變成數不盡的同樣的種子。

這就是心態之所以產生重大作用的原因。正面的心態，能夠激發我們自身的所有聰明才智；而消極的心態，就像蛛網纏住昆蟲的翅膀、腳足一樣，來束縛人們才華的光輝。

正向的心態源於對生活的樂觀精神。凡事想得太悲觀、太絕望，眼中的世界將是一片灰暗；凡事心中樂觀，眼中的世界也是一片光明。樂觀既然是一種心態，當然可以培養。怎樣才能培養樂觀的心態呢？

(1) 想像著成為一隻鷹

老鷹在天空中翱翔,是何等的氣魄。在你的人生中,不論面對怎樣的處境,都不要做一個受制於自我的困獸,衝出自制的牢籠,做一隻翱翔的飛鷹吧!

只要是抱著樂觀主義,就必定是個實事求是的現實主義者。而這兩種心態,是解決問題的雙胞胎。最不值得交往的朋友,是那些悲觀主義者和一些只會取笑他人的人。真正的朋友,該是「沒有什麼大不了,只是有點不方便而已」這種類型的人。當我們幫助朋友時,不要只著重分擔他的痛苦和說些愚昧的安慰的話。如果要建立親密的關係,就必須有共同的人生價值和目標。

(2) 透過改變環境來調整情緒

當情緒低落時,不妨去拜訪孤兒院、養老院、醫院,看看世界上除了自己的痛苦之外,還有多少不幸。如果情緒仍不能平靜,就積極地去和這些人接觸;和孩子們一起散步遊戲,把自己的情緒,轉移到幫助別人身上,並重建自己的信心。通常只要改變環境,就能改變自己的心態和感情。

(3) 聽聽令人愉快、鼓舞的音樂

不要看早上的電視新聞。你只要瞄一眼大報頭版的新聞就夠了,它已足以讓你知道將會影響你生活的國際或國內新聞。看看與你的職業及家庭生活有關的當地新聞。不要向誘

三、自我磨練，開發內心潛力

惑屈服，而浪費時間去看別人悲慘的新聞內容。在開車上學或上班途中，可聽聽廣播的音樂或自己的音樂帶。如果可能的話，和一位正向心態者共進早餐或午餐。晚上不要坐在電視機前，要把時間用來和你所愛的人聊聊天。

(4) 改變你的習慣用語

不要說「我真的累壞了」，而要說「忙了一天，現在心情真輕鬆」；不要說「他們怎麼不想想辦法」，而要說「我知道我要怎麼辦」。不要在團體中抱怨不休，而要試著去讚揚團體中的某個人；不要說「為什麼偏偏找上我，上帝」，而要說「上帝，考驗我吧」；不要說「這個世界亂七八糟」，而要說「我要先把自己和家裡弄好」。

(5) 向龍蝦學習

龍蝦在某個成長的階段裡，會自行脫掉外面那層具有保護作用的硬殼，因而很容易受到敵人的傷害。這種情形將一直持續到牠長出新的外殼為止。生活中的變化是很正常的，每一次發生變化，總會遭遇到陌生及無法預料的意外事件。不要躲起來，使自己變得更懦弱；相反的，要勇於去應付危險的狀況，對你未曾見過的事物，要培養出信心。

(6) 重視你自己的生命

不要說：「只要吞下一口毒藥，就可獲得解脫。」不妨這樣想，「意志和心態將協助你度過難關。」你所交往的朋友，

你所去訪問的地方，你所聽到或看到的事物，全都記錄在你的記憶中。由於頭腦指揮身體如何行動，因此你不妨從事高級和最樂觀的思考。人們問你為何如此樂觀時，請告訴他們，你情緒高昂是因為你服用了「腦內啡」。

(7) 從事有益的娛樂與教育活動

觀看介紹自然美景、家庭健康以及文化活動的影片；挑選節目及電影時要注意它的品質與價值，而不是注意商業吸引力。

(8) 不要過分關注身體狀況

在幻想、思考以及談話中，應表現出你的健康情況很好。每天對自己做正向的自我激勵，不要總是想著一些小毛病，像感冒、頭痛、割傷、擦傷、抽筋、扭傷以及一些小外傷等。如果你太過注意這些小毛病，它們將會成為你最「好」的朋友，經常來「問候」你。你腦中想些什麼，你的身體就會表現出什麼。在撫養及教育孩子時，這一點尤其重要，要專門想著家庭的好處，注意家庭四周的健康環境。有一些父母，似乎比其他人更關心孩子的健康與安全，反而使他們的孩子變成了精神疾病患者。

(9) 對需要幫助的人伸出援手

在你生活中的每一天裡，寫信、拜訪或打電話給需要幫助的某些人。向某人展現你的正向心態，並把你的正向心態傳給別人。

三、自我磨練，開發內心潛力

（10）把休息日變成培養正向心態的日子

成功人士生活中的三大支柱就是：信仰、良好的家庭關係以及高度的自尊心。

將這 10 條培養樂觀精神的方法不斷地在心理和行動上去體會和操作，就會使得自己具備樂觀向上的品格，這就有可能使你成為精神和物質兩方面的富豪。

身為一個男人，不論面對怎樣的困境，你都不應當做一個受制於自我的困獸，而應以積極向上的精神，衝出自制的牢籠，做一隻翱翔的飛鷹。

2　點燃內心深處的自信火焰

　　每個人都有自己的信念。信念是一種原則和信仰，讓人們明瞭人生的意義和方向；信念是人人可以支取的力量泉源，且取之不盡；信念像一張早已置好的濾網，過濾大家所看的世界；信念也像腦子的指揮中樞，指揮大家的腦子，照著大家所相信的去看事情的變化。

　　自古以來，不知有多少思想家、傳教士和教育者都已經一再強調信心和意志的重要性，但他們都沒有明確指出：信心與意志是一種心理狀態，是一種可以用自我暗示和堅持鍛鍊出來的積極的心理狀態！

　　成功始於覺醒，心態決定命運！這是希爾、史東等成功學大師的偉大發現，是成功心理學的卓越貢獻。成功心理、正向心態的核心就是自信主動的意識，或者稱正向的自我意識，而自信意識的來源和成果就是經常有心理上進行正向的自我暗示。反之也一樣，消極心態、自卑意識就是經常在心理上進行消極的自我暗示。也就是說，不同的意識與心態會有不同的心理暗示，而心理暗示的不同也是形成不同的意識與心態的根源。所以說心態決定命運，正是以心理暗示決定行為這個事實為依據的。

三、自我磨練，開發內心潛力

史東說：「一個人只要有自信。那麼他就能成為他希望成功的那樣的人。」

自信，是每個人內心深處的生命之火。只有將內心深處的自信之火點燃，生命才會光明和燦爛。所以，身為男人，應當點燃自己內心深處的自信之火。具體來說應該做到如下幾個步驟。

(1) 確定你的理想及起跑點

成功人生，首先應當確定自己的理想和起跑點。這對每個人的成功都極其重要。沒有理想，就沒有前進的方向；沒有起跑點，就無從規劃自己的航程。有時，一個人即便有了地圖和指南針仍然會無可奈何地迷失方向。只有當你知道你現在所處的位置時，地圖和指南針才能發揮作用。

(2) 把目標清楚地表述出來

任何成功都始於正確目標的導引。人生中同樣也需要有某樣東西來給你明確的指引，幫助你集中精力於你的目標。這東西只能由你自己提供，別人無法代勞。

使自己能集中精力的最佳辦法，是把自己的人生目標清楚地表述出來。說到底，每個人都希望發現自己的人生目標，並為實現這個目標而生活。把人生目標清楚表述出來，能助你時時集中精力，發揮最高效率。在表述你的人生目標

時，要以你的夢想和個人的信念作為基礎，這樣做，有助於你把目標制定得具體可行。

(3) 開始行動

你可以界定你的人生目標，認真制定各個時期的目標。但如果你不行動，還是會一事無成。如果你不行動，再美好的目標也無法實現。

苦思冥想，謀劃如何有所成就，是不能代替身體力行去實踐的。沒有行動的人只是在做白日夢。

(4) 定期評估猜想規劃執行情況

定期評估進展狀況，是跟行動同等重要的。隨著你計畫的進展，你有時會發現你的短期目標並未能使你向長期目標靠攏。或者，你可能發現你當初的目標不太實際。又或者你會覺得你的長期目標中有一個並不符合你的理想及人生的最終目標。無論是何種情況，你需要做出調整。你對制定的目標越陌生，越可能猜想失誤，就越需要重新評估及調整你的目標。

有些人會犯的另外一個錯誤是走錯路。這些人制定了目標，也寫下了要達到目標必須做的事情，然後把那些指引方針全忘了。有個辦法能防止這種事情發生，你可以把這句話貼在辦公室：「我現在做的事情會使我更接近我的目標嗎？」

(5)慶祝已取得的成就

要抽點時間慶祝已取得的成就。拿破崙・希爾（Napoleon Hill）說：

「一直以來我都相信獎勵制度。當我取得預期的成就時，我獎勵自己，小成就小獎，大成就大獎。例如，如果我要連續做好幾個小時才能完成某項工作，我會對自己說，做完了就休息，吃點東西，或看場球賽。可是我從來不在完成任務之前提早獎勵自己。當我取得一項重大成就時，我會把慶祝活動辦得終生難忘。」

你就能更加自信地面對人生，更加自信地生活，更加快速地獵取人生的成功。

當你真正領悟了上述的五大步驟，你就會對自己的人生更加清楚。

3　善於挖掘自身的潛力

　　許多人在考慮財富的時候，總認為「財富」是指身外之物。例如，銀行裡的存款、花園別墅或豪華汽車。然而，這些東西是真正的財富嗎？非也，人的真正財富是人的智慧。

　　有這樣一個故事。有一位著名的畫家弄丟了一幅耗盡他心血的傑作，他的朋友為此很擔心，喧鬧不已，可是，奇怪的是失主本人卻是非常得沉著，對朋友還是面帶著微笑。

　　「你還不知道你的財產被偷了嗎？」

　　「不，你們錯了。畫布上畫的畫不是我的財產，那只不過是從我的財產中開出的一張支票而已。我的真正財產在這裡。」他一邊指著自己的腦袋，一邊回答，並繼續說道：「我的那些畫是從這個『財產』中創造出來的啊！還要等待著它創作出更多更多的畫呢！」

　　真正有價值的，不是蛋本身，而是孵金蛋的鵝。而所謂孵化金蛋的鵝就是你本身潛在的能力，即你的精神、你的觀念、你的理想。如果我們只誇耀目前所占有的物質財富，忽視創造財富的母體，認為只有被創造出來的財富才是真正的財富，那麼，我們的前途就可想而知了。

　　所以，不論你腰纏萬貫，還是只有幾枚硬幣，切記不要

三、自我磨練，開發內心潛力

以此來衡量自己財富的多少。所謂真正的財富，並不是存在於外部的物質，而是存在於你自身內部的潛在能力。

人的內在潛能是巨大的，但它並不是自動爆發的，只有滿懷自信，它才能發揮出來。

精神激勵，是培養自信心的一個最佳途徑。善用精神激勵的各種方法，可以有效地激發自身的內在潛質。其主要的方式包括精神標語激勵和權威力量激勵兩種。

(1) 用精神標語自我激勵

精神標語，是西方成功學大師推崇的開發人體潛能的激勵方法。寫下自己的精神標語，它會激勵你不斷的努力，以便推動你靠近成功的彼岸。

一定要將精神標語白紙黑字地寫下來，光憑記憶是不夠的。

將要做的事寫下來是一個很重要的自律方式，也是將理想實現的第一步。你肯這樣做，本來模糊的細節也會因而清晰。

每天在剛醒來和臨睡之前將你的目標念兩次，與潛意識達到最佳溝通狀態。在念的時候，你要貫注感情，並且清楚地想像你想得到的成功。

就算機械式地自我暗示也會有效的。當然，你越能夠投入感情，成效便越好。如果你身、心都一致渴求一樣東西，

3　善於挖掘自身的潛力

你的夢想是會成真的。

戴爾·卡內基（Dale Carnegie）正是透過精神標語的激勵而獲得成功的。他實施「精神標語」的幾個步驟如下：

第一步，將你寫好的精神標語擺在眼前，放鬆身心地做心智潛力訓練。

第二步，緩慢地讀著你的精神標語，甚至你可以讀出聲音來，以便放緩閱讀速度。將每一個字清楚且緩慢地讀出來──這個步驟十分重要。

第三步，將精神標語中的關鍵字至少讀兩次，以便在潛意識裡加強這關鍵字對精神標語的聯想意義。

第四步，避免外界干擾，進入自我催眠狀態。

第五步，一旦你覺得較為舒緩時，在你心中默念幾次「關鍵字」。若你願意的話，甚至可以大聲地念出來，同時眼睛不需看著精神標語，因為「關鍵字」已經代表了其意義。

第六步，幻想著你已經達到了目標，想像實現理想所帶來的喜悅。只要以往你有負面的心態，現在用正面的想法來覆蓋它。在潛意識狀態下，會使人變得更具創造力和想像力──但此時你不能有負面的念頭。

第七步，在你腦中充斥著一些想像的事物時，你可能會迷失在時間的軌跡裡。所以當你在做心智潛力練習時，可以將設定好時間的鬧鐘放在身邊。有些人說，他們在做自我催

■ 三、自我磨練，開發內心潛力

眠時，常會像睡著般地失去知覺。假如你發現自己快要睡著，將精神標語再念幾次，並重複前所描述的步驟。

第八步，張開眼睛，讓自己回復到完全清醒的狀態。

第九步，現在，可以具體地運用你選定的關鍵字。將關鍵字寫在一張小卡片上，放在一個你每天會看到而且經過好幾次的地方。比如把關鍵字貼在浴室的鏡子上，同時把你認為最重要的精神標語，用大字寫出，其餘的標語則用小字。這樣做，使得最重要的精神標語特別醒目。

精神標語會賦予你巨大的力量，當然，並不是說想像後就必定能夠成功，而要看你如何想像，用多大強度想像，這才是問題的關鍵。淡漠的希望，作用於心靈深處一定是淡漠的。從心底所引發的反作用也較弱；相反地，深度的想像，就會對心靈發生巨大作用，結果也可以激發相應的效應。

每個人都能透過暗示讓精神標語產生作用。一種最有效的形式就是：有意記住一句，以便在需要的時候，這句話能從潛意識冒出到思想中。

有這樣一句話：人的心裡所能設想和相信的東西，人就能用積極的心態去取得它。這是自我激勵的一種形式，是取得成功的一句精神標語。

(2) 用權威的力量啟動潛能

用權威的力量來啟動潛能亦是走向成功的一條捷徑。

3 善於挖掘自身的潛力

　　權威人士因其地位的特殊,他所傳達的訊息常會在不知不覺中啟動人的潛能並強烈地影響他人走向成功。

　　這種力量,是潛意識的。雖然很容易從孩子的身上看出來,但對成人而言,也會產生同樣的效果。權威人士可能是領袖、是師長、是父母、是社會名流、是專家,他們表達的訊息很多情況下是被人潛意識中當成「聖旨」接受的。

　　比方說,小學的學生們,常會對老師所說的話都完全信服。假如這種情況發生在教學上還好,可以對學生們產生正面的影響力;相反地,若一個學生被師長冠上「調皮鬼」的封號,這個小孩可能將會長久地調皮搗蛋下去。

　　也許你的父母或師長曾訓斥過你的話,會印象深刻地留在你心中許多年。如今你已成年,權威的角色對你潛意識裡的影響,其傷害應該不如原先那麼大。你們的父母現在不會整天伴隨著你;昔日的師長,現在更不會在你身邊督促你。然而,在固定的場合,權威人士的影響力仍然會強烈地衝擊著你。

　　有一個真實的事件作為例子。

　　有個人是一個抽菸超過 20 年的老菸槍,他雖想過,也嘗試要戒菸,但每次都失敗。因為無法戒掉,他就讓這個惡習繼續持續下去。

　　不過在某一天,當他在路邊抽著香菸時,卻突然覺得呼

三、自我磨練，開發內心潛力

吸困難，被人立刻送到醫院，而他也立即接受了肺部的外科手術。後來在他醒過來時，醫生走進了病房告訴他：「如果你繼續抽菸，你的生命最多剩下 6 個月！」由於他的潛意識裡完全接納醫生的勸告，所以多年後的今天，因完全戒菸的關係，仍保有健康的身體。

當然，權威人士有時也會給我們一些不正確的意念，而我們的潛意識也常無法辨別是與非 —— 所以，你的外在意識在接受這些資訊時，必須仔細地判斷清楚。

當你決定要改變自我形象時，你一定覺得由於某種原因「看到」或者意識到了自己的原本面貌。你必須有充分的理由和有力的證據確認自己舊的自我形象是錯誤的，因而要重新塑造相應的新的自我形象。你不能僅僅靠自己的想像去尋找自己的意象，藉助權威的力量實乃聰明之舉。

無論如何，身為一個男人，當你正視精神標語和權威的力量，並善用它們，你的內在潛力就會不斷湧現。

4　全面提升自己的綜合能力

　　萬丈高樓平地起。對於高樓而言，基礎很重要，沒有了基礎，一切都將成為泡影。對於一個人而言，他也要有基礎，這個基礎就是素養。從根本上來說，一個人的成功在相當程度上取決於個人的素質。只要有了「金剛鑽」，便不怕沒有「瓷器活」，便不愁做不出受人矚目的成績。

　　所謂素養，是一個外延很廣的概念。狹義的素養是指人的先天的解剖生理特點，主要是感覺器官和神經系統方面的特徵。這種素養只是人的心理發展的生理條件，它的發育與成熟是在社會實踐中實現的，它的某些缺陷是可以透過「補償作用」而不斷完善的。廣而言之，人的學識、口頭與書面表達能力、組織和管理才能、工作經驗、出色的成績、求勝心等都可用「素養」概括。具體包括以下幾個方面：

(1) 學歷和學業成就

　　現代社會中，學歷的高低已經成為求職的一個必備條件。翻閱求職網站，走進公司應徵，無不要求學識程度。在一些地方，小到普通玩具廠、大到電子儀器公司等應徵員工，都有一條不成文的規定，即要求應徵者必須具有高中或大學學歷。某些工作也明文規定需要碩士以上學歷，博士甚

至可以額外的加給。之所以如此,是因為學歷可以衡量一個人的知識,可以初步判斷一個人的程度,這就是展現人們接受教育的重要意義的一個方面。

學業成就直接關係到一個人的工作和薪水。但步入社會的必要準備不僅包括一個人學習期間的綜合素養,以及某種潛力的挖掘。

在某些領域,當一個雇主看到你的畢業證書上各門課程很少達到良好以上時,你的面試表現再好恐怕也很難打動他。當被問及專業相關的一些知識,你只能顧左右而言他時,主管的眼神一定會告訴你某些不好的兆頭。當被問及的問題被你回答的像背書一樣時,面試官可能只會佩服你的記憶力。在目前人才雲集的競爭環境裡,你綜合素養的好壞或高低直接影響到你的前途。

(2) 口頭和書面交際能力

據調查,人們發現在就業與工作中卓有成績和受到提拔的重要因素中,口頭和書面的交際能力位居榜首。

無論在工作中,還是在校就讀,交際能力的確有待提高,著手這些技能的開發、培養和磨練是刻不容緩的。如果你的文筆粗淺,表達呆滯,句子結構鬆散,語法錯誤不斷;或在眾目睽睽之下難以表達自己的見解,那麼,你最好為此做些努力。逃避是沒有用的,醜媳婦早晚要見公婆!你的這

些弱點或早或晚總會顯露出來。或許有一天，你會被邀請發表一次演講，或參加一次分組討論。因此，你就應該做好充分準備，要使你的口才同你的能力一樣，讓人留下深刻的印象，而不要因此削弱了你的形象。

如果你的書面表達能力不強，你的雇主或同事可能會一邊讀著你撰寫的東西一邊想：「某某是個人才，也是名好員工，但他（她）寫的東西一文不值。」努力改善這些缺點，不要讓它成為毀滅你前程的病根。

在求職過程中，如你在這一領域缺乏專業能力，也將很快地顯現出來。行筆粗糙的求職信中，表述不清的個人履歷和劣質的申請書都是寫作技巧的實際展現。同樣地，面試也為檢驗口語表達能力提供了機會。

「亡羊補牢，未為晚也。」目前在社會上已有一些口才訓練、演講訓練、書面表達之類的課程。如果你的表達能力達不到普通的程度，參加這一類課程班是極其必要的。報名參加了這類課程（即使是被迫的）並自發地練習這件事本身，就反映了這些人的成熟和積極進取。

(3) 電腦技術

我們生活在一個資訊化的時代，這個時代的新資訊、新知識、新技術在以指數型增長。無論你主修的科目是商業、工程，無論你學的是理組還是文組，電腦知識與技術在你個

三、自我磨練，開發內心潛力

人和職業的未來中，都將有著巨大的作用。要明智地利用你的選修課程，首先要了解，你的領域是以電腦知識作為職業工具，還是僅僅需要了解個基礎。然後，學習所需的必要課程，為未來作好充分的準備。

要銘記，今天所學的基本知識和技能都是明日走上工作職位競爭獲勝的因素。高科技條件下，許多人將像過去使用筆和紙一樣使用電腦。雇主們越來越把電腦知識作為評價你的一項舉足輕重的技能來對待。為了在職場上如魚得水，一帆風順，你必須提早學習電腦知識，擁有電腦技術。

(4) 社交活動能力

社交活動能力展現了參與意識和為共同的目標一起工作時與別人共處的應付能力。擔任管理職則進一步表明了領導和組織能力。身為小組或團體的成員，加強社交活動的能力的培養，對於增進社交能力也是有幫助的，而後者又是求職的一個有利因素。要想學會游泳就要下海，而要增強社會活動能力，唯一的途徑就是大量地、勇敢地參與各類社交活動。閉門造車和不合群是永遠不能增進你的社會活動能力的。同時閱讀一些社交藝術方面的書籍也是很有必要的。

打鐵還須自身硬。身為一個男人，一方面要在學業上有所成就，另一方面要培養自己的各種能力，你才會有強勁的力量，才能在人生的舞臺上揮灑自如。

5　努力克服性格上的缺陷

世界上沒有兩片相同的樹葉，也沒有完全相同的兩個人，人的性格也是一樣，有的人樂觀自信，充滿活力；有的人膽小怯懦，唯唯諾諾；還有的人捉摸不定，行為無常。

(1) 克服怯懦的性格缺陷

上帝指土造人，從此這個世界有了男人。在很多人的心目中，男人的形象應該是剽悍無比，勇往直前。其實在現實生活中，很多男人唯唯諾諾，畏首畏尾，表現出怯懦的性格。

作為一種性格缺陷，怯懦的基本表現是：膽小怕事，遇事習慣退縮，容易屈從他人，甚至逆來順受，無反抗精神；進取心差，意志薄弱，害怕困難，在困難面前張皇失措；感情脆弱，經不住挫折和失敗。一個人一旦形成怯懦性格後，往往從懷疑自己的能力到不能展現自己的能力，從怯於與人交往到孤僻地自我封閉，從而形成不良的人際關係，不良的人際關係反過來又會加深怯懦。前蘇聯教育家蘇霍姆林斯基（Vasily Sukhomlinsky）所指出的「學校病」之一的「精神恐懼症」，也是指這種性格缺陷：不及格分數困擾學生，使其精神受到刺激，因而一看到評分就恐懼；由於老師的批評而怕老

三、自我磨練，開發內心潛力

師，因而一看到老師就恐懼，由於恐懼而不能正常思考，教師的大聲訓斥，甚至是對別的學生的訓斥，都會抑制他的智力活動，因而導致成績不佳。

怯懦性格的形成與家庭溺愛、袒護、嬌慣有關，與父母長期的喝斥、打罵也有關，在學校中，沒有受到意志力的磨練也會加重怯懦性格的形成。性格內向、感情脆弱的人若沒有得到適當的磨練和引導，便容易形成怯懦性格。

怯懦性格一旦形成，並非不可改變。只要正視它，並採取適當的方法，完全可以消除它。

下面是心理學家經過實踐驗證提供的克服怯懦的方法：

①反覆練習法

反覆練習法就是有意識地創造各種條件多次重複進行登場前的預備演習，以便使語言流暢，臨場時能穩定自己的情緒。比如，你有開會發言怯場的毛病，那開會之前就先擬好講稿或大綱，然後自己先念幾次。再把你的觀點在家人、朋友、同學或同事中自然地說出來，最後在開會討論發言時，你熟悉了自己所要講的內容後，語言就流暢了，心情也會因此而鎮定。這種訓練方法也可以培養認真的習慣。

②自律性訓練法

有的時候沒有條件事先進行充分準備，當你因為臨時上場而感到緊張時，這時必須控制緊張情緒外露，使神態保持

自然,身體保持舒適的姿勢,然後以自我安慰的心理告訴自己:「我很舒服,很鎮定。」這樣自律性的安慰,也可以達到消除過敏、放鬆心情的效果。

③模仿法

經常注意觀察和模仿一些泰然自若、善於交際、活潑開朗的人的言談舉止態度,對照自己的弱點加以克服。根據自己的特質

養成自己的風格。

④氣氛轉換法

在與人交談或在公開場合發言時,當你從別人的眼神、表現中發現不自然時,千萬不要以失敗者的心態對待自己,你可以在人們沒注意到時時迅速轉換話題,使氣氛得到緩和。如果你覺得某一階段的連續工作心情過於緊張,那就換換環境,進行適當的娛樂活動和休息,使心情平靜,增加活力,以消除因精神疲勞而造成的緊張感。

總之,只要豁出去,勇敢地暴露自己真實的自我,當有了成功的經驗,怯懦從此便會消失。

有怯懦性格並不可怕,關鍵是有沒有克服它的勇氣。身為男人,應該有勇氣,有辦法克服它。只要勇敢地邁出第一步,怯懦將逐漸遠離你。

怯懦會使你膽小怕事、逆來順受、感情脆弱、驚慌失

措,懷疑自己的能力,怯於與人交往,最後嚴重地導致自我封閉。戰勝怯懦的辦法只有一條:勇敢地邁出第一步。

(2) 克服拖延的惡習

每個人在自己的一生中,都有著種種的憧憬、種種的理想、種種的計畫,如果能夠將這一切的憧憬、理想與計畫,迅速地加以執行,就能創造人生的輝煌。

而在現實中卻恰恰相反,人們往往在有了好的計畫後,不是去迅速地執行,而是懶得去做,一味地拖延,以致讓一開始充滿熱情的事情冷淡下去,使強項逐漸消失,使計畫最後消滅。

拖延是最可怕的敵人,它是時間的竊賊,它還會損壞人的品格,敗壞好的機會,搶奪人的自由,使人成為它的奴隸。

希臘神話告訴人們,智慧女神雅典娜(Athana)是在某一天突然從宙斯(Zeus)的頭腦中一躍而出的,躍出之時雅典娜衣冠整齊,沒有凌亂現象。同樣,某種高尚的理想、有效的思想、宏偉的幻想,也是在某一瞬間從一個人的頭腦中躍出的,這些想法剛出現的時候也是很完整的。但有著拖延惡習的人遲遲不去執行,不去使之實現,而是留待將來再去做。

一個生動而強烈的形象、想法突然閃入一位作家的腦海,使他萌生出一種不可阻遏的衝動 —— 想提起筆來,將

5 努力克服性格上的缺陷

那美麗生動的形象、想法記錄下來。但那時他或許有些不方便,所以沒有立刻就寫。那個形象不斷地在他腦海中活躍、催促,然而他最終沒有行動。後來那形象便逐漸模糊、黯淡了,最終完全消失!

一個神奇美妙的畫面突然閃電般地侵入一位藝術家的心間,但是,他不想立刻提起畫筆將那不朽的畫面繪在畫布上。這個畫面占據了他全部的心靈,然而他總是不跑進畫室埋首揮毫。最後,這幅神奇的圖畫也會漸漸地從他的心扉上淡去!

其實,這些人都是既懶惰又缺乏意志力的弱者。而那些有能力並且意志堅強的勤勉的人,往往趁著熱情最高的時候就立即去把理想付諸實現。

一日有一日的理想和決定,昨日有昨日的事,今日有今日的事,明日有明日的事。今日的理想,今日的決定,今日就要去做,千萬不要因為懶惰拖延到明日,因為明日還有新的理想與新的決定。

拖延的習慣往往會妨礙人們做事,因為拖延會摧毀人的創造力。其實,過分的謹慎與缺乏自信都是做事的大忌。有熱忱的時候去做一件事,與在熱忱消失以後去做一件事,其中的難易與苦樂感受相差很大。趁著最有熱忱的時候,做一件事情往往是一種樂趣,也是比較容易的;但在熱情消失後,再去做那件事,往往是一種痛苦,也不易成功。

三、自我磨練，開發內心潛力

放著今天的事情不做，非得留到以後去做，其實在這個拖延中所耗費的時間和精力，就足以把今日的工作做好。所以，把今日的事情拖延到明日去做，實際上是很不划算的。有些事情在當初做來會感到快樂、有趣，如果拖延了幾個星期再去做，便感到痛苦、艱辛了。比如寫信就是一例，一收到來信就回覆，是最為容易的，但如果一再拖延，那封信就不容易回覆了。因此，許多大公司都規定，一切商業信函必須於當天回覆，不能讓這些信函擱到第二天。

決定好了的事情拖延著不去做，還往往會對我們產生不良的影響。唯有按照既定計畫去執行的人，才能提升自己的品格，才能使他人景仰他的人格。其實，人人都能下決心做大事，但只有少數人能夠持續地去執行他的決心，而也只有這少數人是最後的成功者。

命運常常是奇特的，好的機會往往稍縱即逝，猶如曇花一現。如果當時不善加利用，錯過之後就後悔莫及。

男人應該極力避免養成拖延的惡習。受到拖延誘惑的時候，要振作精神勤奮去做，不要去做最容易的，而要去做最艱難的，並且堅持做下去。這樣，自然就會克服拖延的惡習。

(3) 讓惰性在自己身上滅亡

惰性是每個人身上都時隱時現的「敵人」，只有除非讓惰性「滅亡」，否則永遠只能是一個平庸者。

5　努力克服性格上的缺陷

對於命運的主宰能力和程度來說，人在發展到一定的階段之後，特別是進入了享受上的層次之後，就會開始出現動力上的「惰性」，動力越來越不足，逐漸頹廢。只有透過強烈而有效的刺激，達到對人們動力的調動與喚醒，才能消除惰性。

動力的激發方式因國家而異，就美國、日本、中國現在的一些做法而言，長期以來就有三種模式，一種是獎勵機制，一種是回饋機制，一種是嫉妒激將法機制。這三種模式都可以提升人的積極性（讓人聽你的話，「聽話 —— 能幹」是現代社會對人的最基本要求），啟發人的內在動力，從而消除惰性。

(1) 獎勵機制

在以往的做法中，獎勵機制主要是物質激勵與精神鼓勵兩種類型。精神鼓勵，就是表揚和宣傳以及發給各種榮譽證書，樹立良好的社會形象（這很重要，形象也是力量）。現在，許多地方都在用這種方法。另外，就是在物質方面予以獎勵，最著名的要算是「諾貝爾獎金」一類的了。

上面說的這兩種方式，在現實中，都是複合式操作。就是說，都是精神鼓勵與物質激勵兩方面相結合的運作方式。當然，這種激勵型的獎勵式啟發方式，也不是沒有極限的。不管它具有多麼大的獎勵份額，歸根究柢，還都是「封頂式」

三、自我磨練，開發內心潛力

獎勵。也就是說，獎勵不可能是「無限的」，而人們的野心卻是「無限的」。因此對於一些人來說，這種獎勵式的啟發方式，也還是不願意接受的。還必須研究出其他的啟發方式。

(2) 回饋機制

就是讓你「天天得，天天賺」，付出一點賺到一點，永無止境。可見，強大的回饋機制的建立是用以遏制和滿足人們的野心的。所謂回饋機制就是回報與奉獻都有止境。你創造多少，就回報你多少，甚至擺出一副讓人「富可敵國」的回報架勢（至少在形式上如此）。所謂上不封頂，只要你願意做，只要你創造，政府與市場經濟的機制就會保障你的勞動所得，讓你的勞動所得合法化。「投入 —— 產 —— 回報」，從衣、食、住、行、娛、醫等各方面，予以全面支持。

當然，我們也要強調一點：這些回報與存在，也有一個極限，就是：必須遵紀守法，必須是在法律所規定與制約的範圍內。

(3) 嫉妒啟發機制

這是一種輿論導向式的做法。大千世界什麼人都有，尤其是有一些人，天生就是溫飽即可，小富即安，有一點就行，就是不願意做事，成就一番事業。因此，對於這些人，你必須激發他的「努力和獲得的欲望」，讓他知道，生活本來是可以更美好的，只要你做出努力，一切會更加美好，而這

才是我們所追求的！讓他明白人生的意義所在 —— 讓他看到榜樣和擁有的力量。

　　惰性會損毀人的心態，使人萎靡不振。身為男人，應當善於運用各種方式激勵自己，讓惰性從自己身上滅亡，從而活出人生的精彩。

■ 三、自我磨練，開發內心潛力

6　在困境中勇敢鍛鍊自己

耐人咀嚼的《菜根譚》中說：「橫逆困勞，是鍛鍊豪傑的一副爐錘，能受其鍛鍊者則身心交益；不受鍛鍊者則身心交損。」這真是一語道破了強者的奧祕。

人們駕馭生活的技巧和主宰生活的能力，是從困境生活中鍛鍊出來的。

和世間任何事件一樣，困難也具有雙重性。一方面它是障礙，要排除它必須花費更多的力量和時間；另一方面它是一種肥料，在解決它的過程中能夠使人更好地鍛鍊成長。古人對此早就有所認識，所以有「生於憂患，死於安樂」的說法。孟子曾經說過：「天將降大任於斯人也，必先苦其心志，勞其筋骨，餓其體膚，空乏其身，行拂亂其所為，所以動心忍性，增益其所不能。」這句話應該顛倒過來說，只有經過艱難曲折的磨鍊，「斯人」才能承擔「大任」。對此也有類似的說法，如「撞牆是能力考驗和提升的機會」，「困難是晉升到高層次的踏腳石」等。

所以說，在工作和生活中，一切順遂如意，沒有一點風雨的，不一定是好事。這可能暗示著他的進步和發展已處在停滯不前的境地。

6　在困境中勇敢鍛鍊自己

在現實生活中有很多這樣的人，在舒舒服服平淡無奇的生活中消磨著時光，而終一事無成，耗盡終生。相反，那些有作為、發展進步很快的人都是些不甘寂寞、勇於在風雨中磨鍊的人。他們投身到困難重重，甚至吃不飽穿不暖的境地，在與風雨搏鬥中獲得成長。所以有人說「困難是最佳的教科書與老師」。

「好事多磨」，「不受磨難不成佛」，這最通俗的真言，道出了這個深刻的道理，領悟了人生成功的真諦。凡是偉大的事業都是在艱鉅的磨難中完成的。一個人生活太優渥，道路太順暢，未經磨難，未經人生路上的摸爬滾打，一旦遭到坎坷和挫折，往往會一籌莫展，駐足不前，甚至長期地陷入苦悶之中。

恰如溫室裡的花朵一般，未曾經風雨見世面，未曾形成你的獨立自主的能力，也就沒有任何承受折磨的心理準備和經驗累積。

而一個歷盡滄桑、飽經風霜的人則不同，他是在磨難和挫折裡成長和成熟的，他已經具備了應付挫折的心理承受能力和駕馭生活的能力，面對人生事業中的大小磨難，他無所畏懼，勇往直前，憑著堅強不屈的意志，戰勝挫折，取得了事業的成功和人生的幸福。

自然界不時給人生提供生動的啟示，它彷彿一位飽經滄桑的哲學家，為人們指點人生的迷津。馬爾騰博士（Dr. Ori-

三、自我磨練，開發內心潛力

son Swet Marden）曾這樣說，在風平浪靜的湖面上泛舟，不用多少划船技巧和航行經驗。只有當海洋被暴風雨激怒，翻江倒海，怒濤澎湃，船隻面臨滅頂之災，船中之人相顧失色、驚恐萬分之時，船長的航海能力才能被試驗出來。

人生也是如此。當你處於經濟窘迫，生活舉步維艱，事業滲淡無光之時，你才會接受這樣的考驗：你是一個懦夫，還是一個勇敢堅毅的英雄好漢！

自古有「亂世出英雄」之說。歷史上幾乎所有的英雄豪傑都是在風雨飄搖的時代才湧現出來。傑出的人物，都誕生在重重的磨難裡，誕生在十分惡劣的人生境遇之下。在陽光和煦的溫柔之鄉，在充滿歡聲和笑語的觥籌交錯之間，在醉生夢死的溫馨金紗帳裡，不可能陶冶出傑出的人物、偉大的人生。

人生的風雨是立足世間的教誨，惡劣的境遇是人生的老師。

在人生的旅程中，命中注定要努力奮鬥。要不斷地推石頭上山，無窮盡地移山開路，不停息地追趕太陽，即使你明明知道夸父因追趕太陽已經渴死半途，化為桃林，你還是要去追趕太陽的。面對苦難，你不能停下，停下的你結局可能更加慘淡。

此為人類的大悲和壯烈嗎？抑或為人類的偉大和傑出之所在？

6　在困境中勇敢鍛鍊自己

人生與惡劣環境的關係的確如此。你究竟跳進哪一種誘惑裡呢？

跳進溫柔之鄉！也許那只是一個幻想，一座海市蜃樓，一個永遠難以實現的夢。如果你沉醉其中，乞求於它，你將無可救藥地墜落深淵。

戰勝惡劣環境！用你的智慧，用你勤奮耐勞的精神改善處境，創造理想的生活。你的生命將在創造的過程中得到張揚和發揮。只要你堅持到底，你終將戰勝狂風惡浪，越過礁石，抵達彼岸。

有位偉大的學者和科學家用詩一般的語言寫道：

一切幸福並非沒有煩惱，而一切逆境也絕非沒有希望。最美的刺繡，是以明豔的花朵襯於黯淡的背景，而絕不是以黯淡的花朵映襯於明豔的背景。

正如惡劣的品格可以在幸福中暴露一樣，最美好的品格也正是在逆境中被顯示的，也只有在最險惡的環境裡才顯示出人的優秀的一面。

歷史上的許多偉大人物也只有到了除了他自己的勇氣與耐心之外，一無所有之時；到了大禍臨頭，瀕臨絕境，必須謀求死裡逃生之時，才顯現出他偉大的人格和無堅不摧的力量。

偉人之所以偉大，就在於他們超越了苦難，戰勝了險阻。

■ 三、自我磨練,開發內心潛力

　　人生之所以有意義存在,亦在於人生對苦難的超越和對險阻的戰勝。我們應該勇於面對苦難的磨練,在苦難中走向成熟,走向成功。須知:不經一番寒徹骨,怎得梅花撲鼻香。

7　勇敢在風險中抓住成功

深海擒龍，淺灘捉鱉，不敢近水的人什麼也捉不到。只有在風險中才會抓住人生的壯麗而到達成功的彼岸。

什麼是風險？風險是由於情勢不明朗，造成失敗的機會。

如颱風帶來海嘯一般，機遇常與風險並肩而來。一些人看見風險便退避三舍，再好的機遇在他眼中都失去了魅力。這種人往往在機會來臨之時踟躕不前，瞻前顧後，最終什麼事也沒做成。我們雖然不贊成賭徒式的冒險，但任何機會都有一定的風險，如果因為怕風險就連機會也不要了，無異於因噎廢食，就像倒髒水連孩子一起倒掉了，這種人用魯迅先生的話說就是「懦夫」。

但凡成功人士，無不慧眼識機，他們在機遇中看到風險，更在風險中抓住機遇，打造壯麗的成功人生。

勇於冒險的人，才是勇於成功的人。只要是追求卓越者，都清楚地知道在前進的征途上風險在所難免，但他們充滿自信，在風險中必將獲得人生的卓越。

冒風險就是知道有失敗的可能，但堅持掌握一切有利因素，去贏得成功。

三、自我磨練，開發內心潛力

　　風險有程度大小的區別。風險愈小，利益愈大，那是人人渴望的處境。創業者會隨時留意這種有利的機會，但他們寧願相信，風險愈大，機遇愈大。創業者不會貿然去冒風險，他會衡量風險與利益的關係，確保利益大於風險，成功機會大於失敗機會時，才進行投資。創業者甘願冒險，但從不魯莽行事。

　　風險的成因，是情勢不明朗。若成功與失敗清楚擺在面前，你只需選擇其一，那不算風險。但當前面的路途一片黑暗，你跨過去時，可能會掉進陷阱、深谷裡，但也可能踏上一條康莊大道，快速把你領向目標。於是風險出現了。前進或停步，你要做出抉擇。前進嗎？可能跌到粉身碎骨，也可能攀上高峰。停步嗎？也許得以保全全，但也許錯過大好良機，令你懊悔不已。

　　為什麼情勢會不明朗？原因有三個，首先，因為有些事情是我們無法控制的。石油危機、中東戰爭等，你能控制它不發生嗎？其次，我們缺乏足夠的資訊，無法做出正確全面的情勢判斷。此外，我們有時需在緊迫的時刻，匆忙做出決定，情勢發展，不容許我們有充裕時間去詳細考慮。

　　冒風險，就要可能要付出失敗的代價。在哪方面要做好付出代價的心理準備？首先是客觀環境，包括世界經濟、政治情勢的變化，科技的革新、政府政策的改變等，這些因素

7　勇敢在風險中抓住成功

是我們無法控制的。

　　追求卓越者會事前預想種種可能招致的損失，對自己說：「狀況最糟，也不過如此！」然後用盡所能去實現目標，即使失敗了，心裡也覺得坦然，對自己、對別人無愧。追求卓越者不會怨天尤人，自怨自艾，推卸責任；他會總結經驗，記取教訓，看準時機，再行開創自己的事業。

　　每個人每天都在冒險，只要活著，隨時都會有危險。身為男人，應當對自己的處境有充分的猜想，錘鍊冒險家的特質，為了達到理想的人生目標而冒險前進。

三、自我磨練，開發內心潛力

8　保持強烈的成功渴望

欲望應該是：一頭醒智的獅，一團智慧的火；醒智的獅，為理性的美而吼。智慧的火，為理想的美而燃。

每個人到了某一個年紀，都會開始明白金錢的重要性與意義，因而對它產生「欲望」。但空泛的「欲望」是不行的。相反，對金錢有著濃烈的欲望，你將會創造出連你也無法相信的財富。

如果目標是箭，那麼欲望就是弓。有弓無箭，就是徒有蠻力，不懂計劃部署，無的放矢，一生多勞而少成；有箭無弓，就是徒具理想，沒有摧枯拉朽的精神，做白日夢，一生多言而少成。只有有弓有箭，才會將最不可能的夢想實現，成功致富。

破釜沉舟、背水一戰的故事，給我們的啟發應該是，只有強烈的取勝欲望才能引導成功。

強烈的欲望能夠激發你前所未有的力量。你的欲望越強烈，也就越能使你爆發出能力。「渦輪增壓」就是能夠看得見的科學實力。

在《思考致富》(Think and Grow Rich)一書裡面，希爾博士首次揭示了六個「化欲望為黃金」的明確的步驟：

8　保持強烈的成功渴望

1. 在心裡確定你希望擁有的財富數字。只是散漫地說：「我需要很多的錢」是沒有用的。這就是說，數目一定要明確。
2. 明確決定，你將會付出什麼努力與代價去換取你所需要的錢。要知道世界上是沒有不勞而獲的。
3. 設定一個固定的日期，一定要在這日期之前把你要的錢賺到手。
4. 為你的理想擬定一個可行的實行計畫，並且不論你是否已有準備，要立即開始將計畫付諸行動。
5. 將你要得到的財富的數量目標、達到目標的期限以及為達到目標所願付出的代價，以及如何取得這些財富的行動計畫等，都明白簡要地寫下來。
6. 每天兩次，大聲朗誦你寫下的計畫的內容，一次在晚上就寢之前，另一次在早上起床之後。在你朗誦的時候，你必須看到、感覺到和深信你已經擁有這些錢了。

他還特別強調第六點的重要性。他說，你必須遵照這六個步驟所說明的指示去做。特別重要的是，你要遵守和奉行第六個步驟中的指示。你也許會抱怨，在你未實現這一目標之前，你不可能看見你自己的成就和財富，但這正是「強烈的欲望」能幫助你的地方。如果你真的十分強烈地希望擁有財富，進而使你的欲望變成了充滿你大腦的意念，這將會毫無困難地使你自己相信你會得到它。這麼做的目的是要使你

三、自我磨練，開發內心潛力

渴望財富，並且確實下定決心要得到它，最後你將可以讓自己相信必然擁有它。

推動著香港富豪李嘉誠跨過一個又一個事業高峰的巨大「原動力」，就是他強烈的賺錢欲望和超人的「創富意識」。

李嘉誠故鄉的家族觀念和對長上權威的遵從對他影響很大。他父親的早逝更使他過早地擔當起維持家計的重任，身為長子，他身上的每個細胞都充滿了財富意識。李嘉誠父親臨終前將家人的一切，託付給李嘉誠，期望這個長子能夠出人頭地、光宗耀祖。有人形容得很好：李父的臨終遺言，就像一首振奮人心的歌一樣，不斷地在李嘉誠的腦海裡播了又播，刺激起這個「商業競技場」上的新秀無限的鬥志與衝勁，推動了他的贏取財富的欲望，下定決心，不取得這商場奧運金牌以報父恩，誓不罷休。

而另外一位富商李兆基對金錢的強烈欲望則源自童年。

李兆基的父親精於做生意，開了一間店鋪。小小的李兆基常常去父親的店鋪玩，似乎自幼對做生意就不陌生了。李兆基小學畢業時，父親開了間銀鋪，他便到父親的銀鋪學做生意。一開始，他就被銀鋪的鈔票迷住了。他想，什麼時候我也能賺上這麼多鈔票呢？漸漸地，他也入行了，他的包包裡也裝進了一些錢。可是不知為什麼，吃飯買東西沒有錢不行，但包包裡的鈔票今天可以買到一斤米，過兩天就連一兩

8 保持強烈的成功渴望

米也買不到了。就在他開始懂得怎樣賺錢的時候，他又似乎覺得只是鈔票沒用。

後來他隨父親到了香港。

銀鋪的經歷使他最熟悉匯兌業務，於是他便開始買賣外匯和黃金。當時澳門有黃金專營權，李兆基便與何賢等在澳門有勢力的人合作，在黃金買賣中大展身手，終於賺得了第一筆財富。

「從小沒錢，一心想發財，走路都在想如何撿到錢。」這是另一位富豪的內心話。

這位富豪小時父親因病去世，養活一家人的重擔落在了柔弱的母親的肩上。後來因為戰亂，他只好輟學，加入苦力行列，為生存而苦苦掙扎。後來，他回憶說：「我第一個工作是在一艘船上做工人，但因我工作不稱職，他們把我辭退了。後來又去機場做工，每天可以拿到微薄的薪資跟糧食。」而如果他搭大眾運輸、過海、再乘巴士到機場，往返的交通費就超過了他一天的薪資，於是，他只好每天提早起床，步行到碼頭，搭船過海，再騎腳踏車到機場去，這樣一天就能省下許多錢。

一個人，如果被生活逼到絕處，從此要不是徹底委靡不振，就是更加倔強、更加頑強。這位富豪顯然屬於後者。飢餓沒有使他屈服，更激發了他對美好生活的渴望。飢餓也增

三、自我磨練，開發內心潛力

強了他的金錢意識、強烈的賺錢欲望，因為他要生存，要活得更好。

麥可·戴爾（Michael Dell）的童年沒有上述那位富豪那樣的困窘，他出生在美國休士頓一個比較樸實的家庭，父母希望他能夠成為一名醫生，但戴爾天生對醫學一點興趣也沒有。而商業卻像磁鐵一樣深深地吸引著他。12歲時，他透過郵購目錄販售郵票，賺了2,000美元。高中時，他從各種管道尋找最可能的潛在客戶，向他們推銷《休士頓紀事報》（*Houston Chronicle*），使平淡無奇的賣報工作成了賺錢的好差事。他利用自己努力賺來的錢買了一部BMW的車。看著這個用自己賺來的現金購買車子的少年，車行老闆不禁目瞪口呆。

順著父母的意願，戴爾在1983年高中畢業後，進了奧斯汀的德克薩斯大學學習生物。但他仍醉心於電腦。當時，他察覺市場對個人電腦的大量需求並未得到充分滿足。而零售商店的個人電腦售價過高，且銷售人員對電腦不是一竅不通，就是一知半解。針對這種狀況，戴爾想出了一條賺錢的好方法：透過電話訂購向客戶直接出售依照客戶要求組裝的電腦。於是，戴爾說服一些零售商將剩餘的電腦存貨以成本價賣給他。接著，戴爾在電腦雜誌上刊登廣告，以低於零售價15％的價格出售個人電腦。此後，訂單如潮。戴爾在他的大學宿舍裡組裝電腦。當憤怒的室友將他的零件堆在門口

不讓他進門時，戴爾知道他不應該再在學校待下去了。1984年春，戴爾離開校園，用自己的積蓄成立了一間電腦公司。他向父母保證說，如果生意沒有立即成功，他將在秋天重返校園。

第一年，公司收益 600 萬美元，此後，他的公司一直是全美發展最快的公司之一。麥可·戴爾也成了家喻戶曉的「神奇小子」。1993 年，戴爾公司的營業額突破 20 億美元，公司股票成了華爾街投資者最喜歡的高科技股之一。

這就是欲望的力量！

■ 三、自我磨練，開發內心潛力

9　在失望中嚮往成功

生活的美麗離不開想像，需要我們在黑暗中看到光明，在地獄中想像天堂，在失望中嚮往成功。

我們可能都看過西部電影中的牛仔和老油條，現在我們也來想像另外一部電影，一部關於你自己的電影。一部關於在未來五年之後你的美麗生活的電影。

你看見了什麼？希望你看到的是一個成功者。一個住著新房子，駕駛著新汽車，做著新的工作，生活在愛你的人們之間的人。

接下來，你還可以為自己想像一些細節。比如你理想的家的樣子，你所希望的新車牌子，你所嚮往的工作種類等等。只要你能想像出這些，你就能夠得到它們！我想，美麗的生活正是從你所想像的這幅圖畫開始的。

你也許覺得這很可笑，這簡直是毫無意義的空想。但我想它卻是真的，只有開始去想像，你才可能樹立成功的願望；也只有開始去想像，你才可能訂立美麗生活的目標。

在人類社會中，人類曾設想有朝一日能飛上天空，遨遊宇宙；能潛入大海，探尋奧祕；能呼風喚雨，左右天庭……這些想法在當時看來都是不可能的，甚至是幼稚可笑的，

但是後來卻逐一實現了,這些東西改變了人們的生活,賦予了人們更為廣泛的自由,也使我們每個人的人生變得豐富而美麗。

有一個國家就是透過數百萬人民的想像而建立的 —— 他們想像並且創造了它。這個國家就是以色列。這個國家的建立者之一大衛・班・古里昂（David Ben-Gurion）曾經說過,他一直在腦海中清晰地保留著關於這個國家的一幅圖畫。

他曾這樣告誡以色列第一位女總理果爾達梅爾（Golda Meir）說:「妳必須有一個理想,偉大的人會將他的生命奉獻給這樣一種理想,這種理想在別人看來瘋狂無理,但卻能夠成為現實。」

其實,果爾達梅爾也是一個完美的理想主義者,她之所以能為這個國家作出巨大的貢獻,就是因為她能夠想像這個新的國家和它的潛力。

果爾達梅爾出生於俄國一個貧窮的猶太木匠家庭,她的四個兄弟和一個妹妹由於貧困和營養不良而死於病魔之手。果爾達梅爾還記得小時候一天到晚餓著肚子,有時她妹妹還會餓得昏過去。

十七歲時,果爾達梅爾產生了這樣一個夢想:建立一個千百萬猶太人所夢想的他們自己的國家 —— 在那裡他們不會因為自己是猶太人而受到傷害。

三、自我磨練，開發內心潛力

果爾達梅爾和她的丈夫婚後不久就移居巴勒斯坦。在那裡，他們再一次發現他們需要想像。他們所看到的不是一個國家，而是一片荒漠。他們居住的地方氣候炎熱、蒼蠅橫飛、虐疾蔓延情況令人畏懼。但他們仍堅持著夢想，忍受著痛苦的煎熬。

二次世界大戰以後，以色列成為一個國家，果爾達梅爾為第一位出使蘇聯的大使。後來，她成為總理，為她的國家做出了巨大的貢獻。但是在她的整個艱苦生活和政治生涯中，她從沒有忘記去夢想──保持想像的活力。她的生活哲學是：沒有任何事情是不可能的。「我是個理想主義者，」她承認，「是個相信人能夠掌握自己命運的理想主義者」。

這也正是你所能做的──一個想像未來並主宰自己命運的理想主義者。

這個道理極其淺顯：思想先於行動，你現在要去做的，必然首先是你所想過的。

希奧多‧蓋索（Theodor Geisel）是當今最富想像力的人之一。你可能對這個名字感到陌生，但你一定知道他在為孩子們所寫的書中所用的筆名：蘇斯博士（Dr. Seuss）。

蘇斯博士書中那些勇於冒險和富有創造力的主角吸引了成千上萬的孩子。可是，希奧多‧蓋索剛開始想像他奇異的創造物時，他不得不在很長的時間裡竭力堅持住自己的夢

9　在失望中嚮往成功

想。他寫出第一本書並畫好插圖,把它交給出版社,出版社說不行。

蘇斯博士並不灰心,他想像他的書一定能成功。他把書又送給另一位出版社,一位接著一位,每一家都說不行。他一共遭到二十七位出版社的拒絕。但是他的第二十八次成功了。他由此而書寫了兒童讀物歷史上的新篇章。

一位撰寫暢銷旅遊書的作者,在他的書本問市前遭到上百家出版社拒絕。或許我們多數人遭到上百次拒絕之前就打退堂鼓了,但他卻堅持夢想,最終獲得成功。

從這兩人的境遇中可以看出,夢想——發揮你的想像力去建構自己的生活理想,並不是白白浪費時間,它有時甚至可能是你擺脫困境的好辦法。

你要相信,世界上已經存在的一切,或生活中將要出現的一切,都是透過人的想像才得以實現的。

■ 三、自我磨練，開發內心潛力

四、
孜孜不倦，知識賦予力量

四、孜孜不倦，知識賦予力量

1　開發自身的學習潛力

　　人類生來就有學習的潛力，任何正常的學習者都能自己教育自己，發展自己的潛力，並最終達到「自我實現」。

　　踏入大學校門，每個莘莘學子都已有十二年寒窗苦讀的學習歷程。如果再加上學前的家庭教育、幼兒園教育，十八年的成長過程便是一個不斷學習的過程。學習對於我們每個人，彷彿已經是一個朝夕相伴、耳熟能詳的「老朋友」了，一切從未知到已知，不都是學習的過程嗎？出生時我們混沌柔弱，正是透過學習，使得十八歲我們已經掌握了很多知識，具備了某些技能，並形成了一定的對於人生和世界的看法與態度。進入大學，學習仍然是大學生的主要任務，也是我們自強自立於未來的重要手段和工具。可是你也許會發現，連同許多其他的新問題一起湧現到你面前的，還有關於學習的困惑：「學什麼」、「怎麼學」。以前的某些經驗似乎已經不足以幫助你從容應對眼前的新的挑戰了，我們似乎應該反觀一下「學習」本身，探尋一下「什麼是學習的科學規律」、「什麼是學習的有效方法」？憑經驗是摸著石頭過河，而依照理論則可以成為循著航標前進的船，這就是所謂的「工欲善其事，必先利其器」。

1 開發自身的學習潛力

人本主義心理學的代表人物羅傑斯（Carl Rogers）曾經指出：靜止地學習，在以往的年代也許是合適的，但如果我們要在當代文化中生存下去，就必須使個體能夠順應變化，因為變化是我們當代生活中最重要的事實。也就是說，採用以往的學習方式，無法使我們適應當前的處境。對於不斷變化的社會來說，採用新的、富有挑戰性的學習方式始終是必需的。而在現代社會中最有用的學習是了解學習過程，對經驗始終持開放態度，並把它們與自己的變化過程相結合。

學習的內容因學科不同而豐富多彩，各學科也有其特殊的行之有效的具體方法，但任何學科都有著普遍相似的基本心理過程，這就使心理學家研究「學習」本身的性質，機制等成為可能。研究者們透過各具特色的實驗設計、思考角度，對學習的某些種類、某些現象做出了不盡相同的解釋，形成多種「學習理論」。每種理論雖都有其不足和未及之處，但亦都有其一定的意義和價值，它們都以不同的著重點從科學的立場，告訴我們究竟什麼是學習。

一隻餓貓被關在迷宮箱裡，迷宮箱外放著一盤食物，箱內設有一種開啟門閂的裝置，比如，一根繩子一端拴著門閂，另一端放有一塊踏板，貓只要按下踏板，門就會開啟。貓第一次被放入迷宮箱時，亂衝亂撞，或咬或爬，試圖逃出迷宮箱。終於，牠無意中碰到踏板，門開了，貓逃到箱子外，吃到了食物。再把貓放回迷宮箱，牠仍會經過衝撞咬抓

四、孜孜不倦,知識賦予力量

的過程,但所需時間可能少一些。經過如此多次連續嘗試,貓逃出箱外所用的時間越來越少,無效動作逐漸被排除。以後,貓一進迷宮箱就按動踏板,逃出箱外,獲得食物。這隻貓經過「嘗試 —— 錯誤 —— 再嘗試」的過程,最終學會了「踏 —— 開 —— 吃食」的聯想。

猩猩基加被關在一個大籠子裡,牠跳起來也碰不到籠頂上掛著的香蕉。籠子裡還放著幾個箱子。基加用自己熟悉的方式取不到香蕉,牠蹲在那裡,望著香蕉,若有所思的樣子。突然,牠意識到,箱子不是隨便放在那裡的,牠察覺到了箱子和高處香蕉之間的關係,牠跳了起來,搬了一個箱子放在香蕉下面,自己站上去,可是還是不夠高。基加無奈,只得坐在箱子上休息。突然,基加跳起來,搬起坐箱疊在另一個箱子上,迅速爬上去拿到了香蕉。三天後,實驗者稍稍改變了實驗情境,基加竟能用舊經驗解決新問題。基加的學習是一種對事物之間關係的突然領悟 —— 即「頓悟」。

阿基米德(Archimedes)接受皇命,要他檢測王冠的含金量,他百思不得其解,連洗澡時仍在思考,當他跨入浴缸時,看著滿滿的浴缸裡溢出的水,突然,他想到了進入的物體的體積與溢出的水的體積之間的關係,難題終於迎刃而解!

八、九個月大的幼兒看見一顆小木球,試著拿過來把它放在嘴裡,因為在他有限的經驗中,「吸吮」是他探索、解

釋外界事物的既有模式,他用它來理解新的事物。而一旦他意識到,小球是一個可以被拋起來的東西,他就會順應這個新功能,下次碰到小球時,他就會試圖丟它,而不是把它放進嘴裡。也就是當新事物不能被現有的知識經驗所同化時,舊的觀念結構被改造和擴充,並形成新的觀念結構以順應環境,這個過程便是學習。

訊息處理理論(Information processing theory)把人的心理活動比作物理通訊系統,人的學習過程就和一個電子裝置的運作方式一樣,是一個對資訊進行探測、編碼、儲存和重現的過程。人的感覺器官就像電視的接收天線,接收訊息;注意力負責訊息的篩選;受到注意的訊息被辨認形成知覺經驗的過程,乃是模式辨識(編碼)的過程;記憶的功能和硬碟一樣,用於儲存訊息,而已經儲存起來的訊息,常常會由於其他訊息的干擾或本身的消退而導致提取的困難,即遺忘。

把兒童分成兩組,讓他們分別看一段影片。A組兒童看的片子是一個大孩子在打一個玩具娃娃,過了不久來了一個成人,給大孩子一些糖果作為獎勵。B組兒童看的片子開始也是一個大孩子在用力打一個玩具娃娃,不久後來了一個成人,為了懲罰這種不好的行為,打了那個大孩子一頓。看完影片後,實驗者把兩組兒童一個個帶進一間放著一些玩具娃娃的小屋裡,結果發現,A組兒童都會學著錄影片裡大孩子的樣打玩具娃娃,而B組兒童卻很少有人敢去打一下玩具

四、孜孜不倦，知識賦予力量

娃娃，也就是說榜樣的作用能使兒童很快學會攻擊行為。接下來，實驗者鼓勵兩組兒童學影片中的大孩子打玩具娃娃，誰學得像就給誰糖吃，結果兩組兒童都爭先恐後，用力地打玩具娃娃。這說明透過看影片，兩組兒童都已學會了攻擊行為。第一階段 B 組兒童之所以沒有人敢打玩具娃娃，是因為他們害怕打了以後會受到懲罰，一旦條件許可，他們也會像 B 組兒童一樣把學到的攻擊行為表現出來。

不難看出，人類能透過觀察模仿學習新的行為模式；學習者如果看到別人的行為受到獎勵，就會增加產生這種行為的傾向；如果看到別人的行為受到懲罰，則會削弱或抑制發生這種行為的傾向。

學習者在學習活動中的主體地位應當得到尊重。學習就是學習者在獲得知識、技能和發展智力、探究自己的情感、學會與老師及班級成員來往、闡明自己的價值觀和態度、實現自己潛力的過程中，達到最佳的境界。當學習者覺察到學習內容與自己的目的有關，意識到這是自己的學習時，就能夠積極地、負責任地參與學習的過程，以自我批判和自我評價為依據，而把他人評價放在次要地位；就能開始自己的有意義的學習，並能夠全心全意地投入，其獨立性、創造性和自主性也能得到提升。

透過以上列舉的學習理論的一些觀點，我們可以看出，學習是學習者經過一定的訓練以後出現的某種變化；而這種

1　開發自身的學習潛力

變化是複雜的，有意識的、情感的、動態的；導致這種變化的心理機制也是多樣的，有漸進的「試誤」、突然的「頓悟」，有透過「同化」與「順化」與環境保持的動態平衡，還有訊息的處理過程或是人的潛力的最終展現。引起這些變化的原因也是多種的，有學習情境的因素，有學習內容性質類型的因素，也有學習者自身的因素，等等。

在心理學上，尚無一種理論可以完美地解釋複雜的人類學習，但我們可以綜合運用不同的理論來關注不同類型的學習，並從中得到一些科學的指引。

新時代的男人要對自己的學習潛力有清楚明確的認知，只有意識到了自己的程度處於什麼「地位」時，才能更多地鞏固已有的學習成果，並學習更好的理論知識。

2 利用閒暇時間獲取寶貴知識

一個人愈能儲蓄就愈易致富。同樣，一個人愈能求知，則你愈有知識。你能多儲蓄一分知識，就多豐富一分生命。

用閒暇的時間換來寶貴的知識，這種零星的努力，細小的進步，日積月累，可以使你於日後大有收益，可以使你更為充實、更豐滿，可以使你更能應對人生。

有些頗具天分的男人，一生只做些平凡的事。他們雖然有天分，卻沒有受過充分的訓練、培植。他們從來沒有意識到自己的進步。他們熙來攘往，所看到的只是月底的領薪水以及領到薪水以後的幾天中的快樂時間，結果他們的一生總是微不足道。

人們只能利用其一小部分的天賦才能以從事事業，而不能盡其教育與訓練全部的天賦才能，所以他們在事業上一定會吃很大的虧。本來足以領導人的人，因為沒有受過一定的教育與訓練就不得不被他人領導了。

學習就是力量。你可以利用十分鐘時間讀一些書籍，在自修上下一分功夫，就足以助你在事業上得一分上進。

許多志在成功者的早期，薪水很低，工作卻很苦，但他們利用其閒暇的時間，自修自習以求上進，比之他們在白日

2　利用閒暇時間獲取寶貴知識

的工作更為努力。在他們看來，薪水並不是大事，而追求知識、要求學習則是真正的大事。

有一個青年，他常有機會搭火車、郵輪旅行遠方。每次在途中，他總是隨身帶些讀物，如書本、補習班中的講義，他總是利用了那容易被一般人浪費掉的零星的時間來求自己的進步。結果，他對於各門學問都擁有一定的知識，他對於歷史、文學、科學及其他各種重要的學問都了解很多，研究很深。

許多男人在空閒的時間虛擲光陰，閒暇時間不做或者只做些有損無益、比不做更壞的事。這些人和上述的那個青年相比，豈不感到羞愧！

孜孜不倦追求進步的精神，是一個人的「優越」的記號與「勝利」的徵兆。

只要能夠知道，一個青年怎樣度過他的工休時間，怎樣消磨他的浪漫的秋日黃昏，那麼就可預言出那個青年的前程怎麼樣。

有的人或許以為利用閒暇的時間來讀書總得不到多大的成績，其成績總不能相等於學校教育，因而不想在閒暇的時間讀書。這無異於一個人因為自己收入不多，覺得即使盡量儲蓄，也不能致富，所以一有錢就盡數揮霍，不做儲蓄！但是你沒看見有許多人，就是因為利用了零星的閒暇時間求得

四、孜孜不倦，知識賦予力量

了與學校教育相等的教育嗎？

教育的實質意義之高，對於人生歷程的重要性，無過於今日。生活競爭日趨劇烈，生活情形日益複雜，所以你必須具有充分的學識，受充分的教育訓練以作為你的盔甲。

大多數人的問題，就在一心希望在頃刻之間成就大事。其實事情是要漸漸成就的。我們應該不斷地努力讀書自修，不斷地充實我們的知識寶庫，漸漸地推廣我們知識的地平線。

將一段一節的閒暇時間，換來種種寶貴的知識——知識是可以給予我們能力，使我們能夠得到上述的成果——這種機會難道你能不知輕重地把它拋棄嗎？一般男人不願多讀書多思考，不想在報紙、雜誌、書籍之中盡量獲取各種寶貴知識，真的是最可憐最可惜的！他們不明白，他們所拋棄的東西在別人手裡可以成為無價之寶，是可以使生命成為無窮的。

無論平時怎樣忙碌，但總有很多的光陰是虛度或浪費掉的，而這些虛度的光陰假使能善加利用，則一定能產生出巨大的好處。

許多男人從早到晚忙忙碌碌，在他們自己看來，他們是絕無讀書閱報的時間了，然而假使他們對日常事務的處理能徹底的系統化，則一定能得到不少的空閒時間。「秩序」、「系

統」最能節省時間。所以男人做事，必須力求秩序化、系統化，以求在日常生活之中節省出一部分時間，用於「自我改進」與生命擴大的必需——讀書。

原哈佛大學校長艾略特（Charles Eliot）曾說：「養成每天讀十分鐘書的習慣。這樣每天十分鐘，二十年之後，他的知識水準一定前後判若兩人。只要他所讀的都是好的東西。」所謂「好的東西」，即是為大家所公認的世界名著，不管是小說、詩歌、歷史傳記，或者其他種種。

大多數男人都願意在自己所喜歡的事上留出相當的時間。若你真有求知的渴望、自修的熱忱，你總會擠出時間來的。「苦無志耳，何患無時？」不過，學習時要集中精力，凡是分散學習精力的言行舉止，都要避免，一小時聚精會神的學習，勝過一天心不在焉地學習。

四、孜孜不倦，知識賦予力量

3　善於規劃自己的讀書時間

時間是人的第一資源，誰善於運籌時間進行學習，誰就找到了通向成功的階梯。

鐘錶之國瑞士的溫特圖爾鐘錶博物館的古鐘上刻有名言，「如果你跟得上時間的步伐，你就不會默默無聞。」

生命是由一分一秒組成的，充分利用時間就等於延長了生命。愛迪生（Thomas Edison）在 79 歲生日時，宣稱自己已是 135 歲的老人，因為他常常一天做兩天的工作。浪費時間對自己無異於慢性自殺，對別人無異於謀財害命。

沒有一種不幸可以與失去時間相比，男人應該努力珍惜時間，抓住偷光陰的賊，切不可當浪費時間的凶手。

那麼，怎樣來運用自己的讀書時間呢？

(1) 加強時間管理，力戒放任

對時間要加以管理，不能任其自流。要學會理財，也要學會理時。這就需要制定用時計畫，編列時間預算。要拿出時間用來安排自己的時間表，透過安排時間來贏得時間。

(2) 提高每一段時間的學習效益，避免拖延怠惰

提升學習效果，主要不靠增加時長，而靠提升時間利用

率,在時間的使用上以質勝量。空話和瞎忙是效率的大敵。愛因斯坦(Albert Einstein)堅決反對空話,他的著名公式是:A=x+y+z。A 代表成功,x 代表勤奮,y 代表方法,z 代表少說空話。有些科學家是以「閒談莫過五分鐘」為座右銘的。

(3) 善於化零為整,累積時間

善用零碎的時間,累積點滴時間來學習知識,這是時間利用的聚合原則。財富就在可以自由支配的時間中。有人說「20 小時是銀的,4 小時是金的」。20 小時指的是工作、睡眠各 8 小時,再加上吃飯、文化娛樂、社交 4 小時。剩下的 4 小時則是具有極大彈性的時間利用主攻陣地。

(4) 縮小時間計算單位,見縫插針

達爾文(Charles Darwin)從不認為半小時是微不足道的時間。俄國軍事家蘇沃洛夫(Alexander Suvorov)主張:一分鐘決定戰局。童第周也說,一分時間一分成果。前蘇聯歷史學家雷巴柯夫(Nikolai Rybakov)說,用分計算時間的人比用小時計算的人,時間多 59 倍。學習應該分秒必爭,寸陰寸金。

(5) 最佳時間最佳利用,按質用能

每個人的最佳時間有所不同,因為生理時鐘有個體差異。生理時鐘是內在的節律性的生命活動。

四、孜孜不倦，知識賦予力量

生理時鐘不同，最佳用腦時間也不同。一般分為三種類型：貓頭鷹型（夜型），夜晚精神好；百靈鳥型（晝型），白天精力充沛；混合型，兼有二者特點。

最佳用腦時間要最佳利用，這是按質用能原則。不同質的時間能源，相應安排不同的學習內容。精力最好的時間從事最費腦的學習，集中攻堅。用較長時間從事耗時較多的學習活動，一氣呵成，以免中斷後需要重新進入狀況影響效率。制定學習時間預算表的時候，要將各項學習任務列出清單，區分輕重緩急、必須做的和可做可不做的；根據最佳化原則，優先將最佳時間用於關鍵性的學習項目。

只要你合理安排自己的讀書時間，你就能源源不斷地獲得新知，你就會成為一個成功的男人。

4　在實踐中不斷自主學習

　　很多男人滿足於書本上的知識，以為天下的智慧都收錄在書中。智慧遠不止這些，要想真正得智慧，還必須善於在實踐中學習，在實踐中獲得真知。只有這樣才能不斷地充實自己，才不會被社會淘汰。

　　有一個男人一直以為自己喜歡讀書，從書本中獲得了足夠應付生活的知識，但是有一天，當他和一群在井下工作的礦工閒聊時，才發現自己無知得像個傻瓜。

　　那些工人說，井裡的小老鼠是不能隨便殺死的。他十分疑惑，井裡的小老鼠有什麼用呢？他們告訴他，如果礦井出現坍方事件，只要身邊有小老鼠，那麼就有活著的希望，因為那些小老鼠最清楚什麼地方可以跑出去。

　　誰能想到小老鼠會在生命危難的時候給人希望，但是這些普通的工人們都知道，他們從實踐中學到的東西比書本上的要豐富得多。在書本上這個男人只知道鎖螺絲時應該順時針，拆螺絲時應該逆時針，但沒有哪一本書告訴過他，井下的小老鼠會帶我們逃出坍方的地方。從那時起，他明白了一個道理，生活永遠是一本讀不完的書，就像哈佛大學的一位教授所說，「雖然你們是大學畢業生，你們的教育才開始。」

四、孜孜不倦，知識賦予力量

這是美國東部一所規模很大的大學畢業考試的最後一天。在一棟教學大樓前的階梯上，有一群機械系大四學生，他們顯然很有信心，這是最後一場考試，接著就是畢業典禮和找工作了。

有幾個說他們已經找到工作，其他的人則在討論他們想得到的工作。懷著對四年大學教育的肯定，他們覺得心理上早有準備，能征服外面的世界。

即將進行的考試他們知道只是輕易的事情。教授說他們可帶需要的教科書、參考書和筆記，只要求考試時他們不能彼此交頭接耳。

他們喜氣洋洋地魚貫走進教室。教授把考卷發下去，學生都眉開眼笑，因為學生們發現只有5個論述題。

3個小時過去了，教授開始收集考卷。學生們似乎不再有信心，他們臉上有可怕的表情，沒有一個人說話。教授手裡拿著考卷，面對著全班同學。教授端詳著面前學生們擔憂的臉，問道：「有幾個人把5個問題全寫完了？」

沒有人舉手。

「有幾個寫完了4題？」

仍舊沒有人舉手。

「3題？2題？」

學生們在座位上不安起來。

4　在實踐中不斷自主學習

「那麼 1 題呢？一定有人做完了 1 題吧？」

全班學生仍保持沉默。

教授放下手中的考卷說：「這正是我預期的。我只是要加深你們的印象，即使你們已完成四年有關機械的教育，但仍舊有許多有關機械的問題是你們不知道的。這些你們不能回答的問題在日常操作中是非常常見的。」

於是教授帶著微笑說下去：「這個科目你們都會及格，但要記住，雖然你們是大學畢業生，你們的教育才開始。」

時間消逝，這位教授的名字已經模糊，但他的訓誡卻不會模糊。

那些大學畢業的學生，他們用了十幾年甚至長達二十年時間從書本中學習知識，但到了社會上，他們依然可能失敗，因為日月在更替，世界在變化，知識在更新，書本上的東西已經不能滿足需求，如果想要生存下去，就必須善於在實踐中不斷地學習。

在這裡，我們主張「自主學習」。

「自主學習」是指從學校裡出來後，為進一步加強自身實力，而隨著時代的步伐掌握原來尚沒有學到的新知識、新內容。

學習是每天的任務，唯有不斷學習，才能不斷進步。只要一鬆懈，別人很快就會超過你，而你要「趕上」不僅很辛

四、孜孜不倦，知識賦予力量

苦，而且因為人家也在不斷進步，以至於你想超越也幾乎不可能。

一個善於堅持不懈學習的男人，即使基礎較差，前途也一定是光明的；對於國家來說也如此，一個善於學習的國家，一定是有希望的國家；國家的希望也在於國民能不斷透過自主學習，提高素養。

既然是學習，就有課本，就有課堂，也有老師，老師還會安排作業，一定階段後，還要進行考試。在學校裡學習是這樣，自主學習也是這樣，只不過具體內容完全需要自己合理安排。

究竟要學什麼呢？自主學習，就是自己替自己安排「課程」和「課本」。這裡的「課本」並不是指現成的書籍，而是完全結合自身狀況來設計學習計畫。一方面要把你自己將來要從事的工作和目標作為選擇「課程」的依據，從而確定「專業課程」。如果你將來想做企業老闆，就要把經營和財務管理作為主要課程；如果你將來想成為專業技術主管，不僅要學習與專業有關的知識，還要學習人力資源管理方面的內容等等。另一方面就是要鍛鍊自己做人的品格，以及適應社會、適應競爭的能力，因為這是「通識課」，而且是最關鍵的。

我們的課堂在哪裡？「課堂」就是社會，具體而言就是我們所處的環境。你接觸的每一個人，無論是同事、下屬還

4　在實踐中不斷自主學習

是上司，都是你的老師。

最後的問題是，怎樣完成作業？怎樣參加考試？只有「學」過之後，才能檢驗自己的學習效果，最簡單的「作業」方式就是把你所學的東西，無論是總結的經驗還是掌握的技術，完完整整地運用到現實中。只有這樣，我們才可能說：我們的「充電」是取得效果的。

自主地學習，關鍵在於「自主」，有了自主意識，有了自動自發的精神，你才能時時想到學習，處處找到自己學習的課堂。

在科技快速發展的今天，男人就應該善於在實踐中不斷地學習，並在學習中創新。只有善於在實踐中不斷地學習才能創新，只有勇於創新，才能立足於時代。

■ 四、孜孜不倦，知識賦予力量

5　成為一個勤於思考的人

　　書中自有顏如玉，書中自有黃金屋。讀書能讓你獲得智慧，但要最大限度地從書中獲益，你必須是一個思考者，用一無是處的知識來填充大腦，無異於一股腦把家具和擺設塞滿我們的房子，直到我們自己沒有立足之地。

　　拉開歷史的帷幕就會發現，古今中外凡是有重大成就的人，在其攀登科學高峰的征途中，都為思考留有一定的時間。據說愛因斯坦狹義相對論的建立，經過了「十年的沉思」。他說：「學習知識要善於思考、思考、再思考，我就是靠這個學習方法成為科學家的。」

　　偉大的思想家黑格爾（Hegel）在著書立說之前，曾緘默六年，不露鋒芒，在這六年中，他是以思為主，專研哲學。哲學史家認為，這平靜的六年，其實是黑格爾一生中最重要的時刻。

　　牛頓從蘋果落地得出了萬有引力定律，有人問他這有什麼「訣竅」？牛頓說：「我並沒有什麼方法，只是長時間熱情地思索一件事情罷了。」

　　德國數學家高斯（Carl Friedrich Gauss），在許多方面都有傑出的貢獻，有人稱他為「數學的王子」，而他則謙虛地說：

5　成為一個勤於思考的人

「假如別人和我一樣深刻和持續地思考數學真理，他們會有同樣的發現的。」

英國學者培根（Francis Bacon）曾經把三種不同的哲學家，生動地比喻為蜘蛛、螞蟻和蜜蜂。他把盲目地堆積材料的求知識的方式稱作螞蟻方式；把主觀地隨意創造體系的方式叫做蜘蛛方式；而最好的方式則像蜜蜂一樣，從花園裡和田野裡的花朵中採集材料，並用自己的力量來改變和消化這些材料，透過蜜蜂的消化、釀造，「蜜成花不見」，蜂蜜要比一般鮮花的甜汁甜美和精粹得多。一部科學史表明，科學之花既要扎根在實踐的土壤裡，更要用思考的汗水來辛勤澆灌；沒有大腦的思考，也就沒有自然科學的建立。

英國哲學家、社會學家史賓賽（Herbert Spencer）在其《教育論》（*Education*）中有這樣一段精闢的話：「作為心智脂肪儲備起來的知識並無用處，只有變為心智肌肉的才有用。」另外，思考也有助於把學過的知識加以鑑別，去偽存真。牛頓說過：「我要把如同海灘沙粒之多的真理，一個一個地加以思索。」由於善於思考，牛頓成了最偉大的科學家之一。伽利略（Galileo Galilei）推翻了亞里斯多德定律；哥白尼（Nicolas Copernicus）否定了托勒密（Ptolemy）的學說……可以說「思考」是人類向科學進軍的前導，是攀登科學高峰的階梯。你想在成功的征途中，科學地安排時間嗎？那就必須在勤學的同時，為思考留下一定的時間！

四、孜孜不倦,知識賦予力量

　　為思考留下一定的時間,除了有趣之外,它還能幫你看到他人的無辜,使你變得更有耐心。你將成為一個更放鬆、更富哲理的人,因為你將開始感受到別人觀點中的邏輯性。

　　一個人,要想成功,不僅要勤於讀書,更要勤於思考。新時代的男人應該做一個勤於思考的人。

五、
彰顯個性，塑造良好形象

五、彰顯個性，塑造良好形象

1 穿出風采，打扮得體協調

「佛靠金裝，人靠衣裝」，服飾的美的作用是無可置疑的。

美的服飾可以在社交中為人帶來美的享受，可以大大提升社交中公關的效果。那麼，什麼樣的著裝最能展現個性魅力，服飾怎樣才能算美呢？上等考究是一種美，樸素淡雅也是美；色澤明亮是美的，淺色素色也是美；誇張、引人注目是美的，低調、別緻也是美；職業裝扮是美的，灑脫休閒裝飾也很美。可謂眾說紛紜，各執一詞。每個人的審美標準不同，美的原則不同，才會有不同的感覺和效果。

從一般的原則分析，以下兩點最能展現出服飾的風采，給予人美感：

第一，整潔是服飾美的首要條件。

無論在何種場合，穿何種衣服，我們都要保證著裝整齊潔淨。只有如此，才能保證服飾的美感。否則，無論你穿何種品牌、材質、款式、顏色的衣服，都會讓他人留下不乾淨、不好的形象，也就無所謂服飾美了。

第二，協調是服飾美的藝術特徵。

1　穿出風采，打扮得體協調

　　一個人穿什麼樣的服裝，怎樣打扮，都必須與個人的性格、氣質、職業、年齡以及穿戴的環境、季節相協調，才能符合審美要求，才能符合社交禮儀規範，才能給予他人美的享受。

　　也就是說，在整潔的前提下，還要注意服飾的協調。

(1) 展現個性，與交際環境協調

　　人置身於不同的社交場合、不同的群體環境，就應該有不同的服飾打扮。在交際活動中，要考慮環境因素，除職業相關場合需要的統一正式的職業服裝外，服飾穿戴要具有個性特點。在選擇服裝的款式、顏色、材料上要根據主觀愛好、氣質、修養、審美特點等，選擇充分展現自身個性的服飾，使服飾與個性「相得益彰」，讓他人感受到強烈的美感，從而穿出你獨特的一面，在交際過程中產生正向、良好的影響。

　　著名的英國前首相柴契爾夫人（Baroness Thatcher），素有「鐵娘子」之稱，個性鮮明，在服飾穿戴上也有自己獨到的見解。她說：「我必須展現出專業特性和活力。」她認為，女性過度化妝容易讓他人產生男人的玩物、花瓶之類的「膚淺感覺」。所以，她愛著深色、凝重的服裝，這樣顯得嚴謹、高雅、莊重，突出了一位女政治家的個性風采。

　　展現個性風格，並非隨心所欲，這裡還有著裝的交際環境、氣氛的限制。服飾要與整體的交際環境、氣氛相協調，

五、彰顯個性，塑造良好形象

只有這樣，才有個性著裝可言。比如說，在辦公室上班要穿典雅莊重的套裝，女士以職業裙裝為最佳。出席婚禮，服飾的色彩可略微鮮豔明亮一些，但不可過度，否則會壓過新娘的氣勢，這是不禮貌的。而參加葬禮弔唁活動，則應著深色凝重的衣服。在家中，可穿舒適的休閒服裝甚至是睡衣，但若突然有客人拜訪，則應立即到臥室中換裝後與客人見面。在運動場上，則要穿著適合運動的服裝。

除與交際環境相協調外，還要注意與交際對象協調，以縮短彼此之間的距離，創造和諧融洽的交際氣氛，使整個場合的氣氛更加熱烈，這樣，服飾美的目的也就達到了。

(2) 服飾選擇與自身的社會角色相協調

在社會生活中，我們每個人都扮演著不同的社會角色，因此也就有著不同的社會規範，在服飾穿戴上也就有區別了，我們應盡量做到服飾與角色相吻合。如果你現在置身家中，身分是太太或先生，你可以隨心所欲，自由著裝；如果你現在的角色是辦公室職員，需要與同事或上司往來，你的著裝則需要符合辦公室禮儀，男士著西服，女士著套裝；假如你現在的身分是路上行人或公共場所的一員，則你的著裝需要符合社會道德規範，要不傷風化和大雅。

服飾美的創造必須與個人的角色特徵密切吻合，這才能顯示出服飾美的魅力。

(3) 服飾穿戴與自身的先天條件相協調

　　社交活動中的人們，都希望自身的服飾美麗，讓他人覺得美好，所以千方百計地追求服飾美。為了達到美化的目的，服飾的穿戴要注意取長補短。我們在選擇服飾的時候，不僅要考慮服飾的顏色、材質、款式，還要充分結合個人的臉型、身材、膚色等來搭配著裝。針對不同膚色、身材，提供以下一些著裝參考。

　　①膚色與服飾匹配適當

　　一般來說，黃種人不宜選擇與膚色相近或顏色較深暗的衣服，如：土黃、棕黃、深黃、藍紫等，因為它們使得「黃」人更「黃」。通常適宜穿暖色調的衣服，如：紅、粉紅、米色及深棕色等。但黃種人中皮膚白淨者，則無論何種深色或淺色的服裝都合適。皮膚黝黑者，適合穿暗色衣服，如，鐵灰、藏青等，最忌穿純白色衣服。華人對人體美的審美觀不同於黑色人種。華人喜愛潔白、紅潤、有光澤的膚色，追求的基調是「白」；黑種人喜愛膚色的黝黑油潤，追求的基調是「黑」。所以，非洲人大都喜愛白色服飾，目的就是為了突出他們的皮膚色澤的「黑色美」，而華人如果以白突出黑就無美可言了。

　　②體型與服飾合理搭配

　　身材矮小者，適宜穿造型簡潔、色彩簡單明快、小碎花型圖案的服飾。

五、彰顯個性，塑造良好形象

身材高大者，若修長，則各種服飾皆可；若稍胖，宜穿條形、不太寬鬆的衣服。

肩過窄者，適合穿柔軟、貼身的深色上衣，穿袖口挖得很深的背心。

肩過寬者，適宜穿大翻領、帶墊肩的衣服，脖系絲巾或圍巾，穿橫條紋上衣。

腿粗者，適宜穿有下襬的長褲或長裙、直線條紋的裙、褲，下身選擇深色系列，腳穿鏤空的高跟鞋。

腿細者，適宜穿橫條紋的裙、褲，或不太緊的長褲，注意裙長及膝或膝下3公分左右，不可選擇高於膝蓋以上的短裙或超短裙；穿淺色服裝和絲襪，腳穿式樣簡單的低跟或平跟涼鞋。

腿短者，適宜穿直線條紋的褲、裙，或高腰長褲，如穿裙子，則下襬必須合身，腳穿高跟鞋。

腿長者，如穿裙子，最好過膝，**繫寬皮帶**，外衣長度要過腰部；長褲要與臀部緊貼，長度適中，褲腳反折。

O型腿者，如穿裙子，則裙子的長度要蓋過小腿的彎曲部分；也可穿各式長褲、喇叭褲，忌穿短裙、緊身裙、牛仔褲；應配以低跟鞋子。

後背太寬者，適宜穿有直線條花紋、剪裁合身的上衣，不要墊肩，注意露背裝的吊帶要寬一點，頭髮長度要過肩。

後背太窄者，適宜穿有橫線條花紋或圖案、蓬鬆寬大的上衣，袖子與肩部接縫處要稍微寬些。

胸部太大者，上衣前胸的花色要盡量素雅，以直線條花紋為佳。選擇蛋形、V字形和方形領口，衣服質料要柔軟，輕盈飄逸。

胸部太小者，宜著厚胸墊的胸罩，穿寬大的上衣，長背心或短裝，利用花邊、蝴蝶結擴大前胸的視線範圍。在衣服的中腰部分，可用鞋帶式的交叉綁線。

大腹者，適宜穿鬆緊適中的裙、褲，選擇長度蓋過腹部的罩衫、束腰外衣，穿A字裙及腹部寬鬆的西裝，或深色裙裝、褲裝。

粗腰者，適宜穿柔軟的罩衫或毛衣，選擇蓋過膝蓋的外衣、H形套裙，服裝要盡量選用深色系列。

(4) 服飾的穿戴要符合時代背景

人體是美的，在古代，原始人受社會發展條件的制約，著裝無意識，這是客觀條件造成的。但是，隨著人類文明到達一定程度，人體美就不能像原始社會那樣毫無掩飾地展示了，必須經過服飾的「包裝」，才有美感可言。在現代社會的社交場合，赤身裸體是與社會道德相違背的。著名的西方美學家格魯斯（Karl Groos）曾從人類審美心理角度出發做出分析：「在文明發展較進步的階層中，衣服已變成男、女兩性最

五、彰顯個性，塑造良好形象

不可少的部分。到了這樣的情境下，人體的顯露就成為不平常的稀奇事件，和這種習慣衝突，正如其他情形一樣，要發生一種交代不過去的尷尬。」服飾的穿戴要與時代發展相同步，否則你的著裝就有失禮之處，尤其在重大場合。比如在現代，大多數國家領袖在接待外賓時都身著正式西裝，而非各國的傳統服飾。如果有人要復古，那只有在一般居家場合或有特殊需要的時候。在重大的社交場合，我們還是應該順從潮流。

(5) 服飾穿戴要與季節協調

除了以上幾點著裝時需要注意外，一般情況下，我們的服飾穿戴還要與四季氣候條件協調，除非有特殊的表演等需求，否則，違背自然規律著裝，不是熱到，就是冷到，影響個人健康不說，與他人、與社會格格不入的著裝不僅無美感可言，還有損個人形象。一般說來，春、秋季氣候不冷不熱，適宜穿著淺色調的薄厚適中的衣服；而冬、夏季就偏冷或偏熱了，與之相適應，我們的著裝則應該相應地偏厚或偏薄。如同樣是裙裝，夏天應著薄款材質的，而冬天則應該穿布料較厚的裙子；且夏季服裝的顏色以淺色、淡雅為主，冬季以偏深色為主，如深藍、藏青、咖啡等色。

以上是達到服飾著裝效果需要具備的幾點條件。男人追求成功，離不開交際，在社交場合中，應該重視服飾對自身

社交形象的重要作用，同時理解服飾穿戴在現代社會已經超越了傳統的實用、保護身體的基本功能，而上升為一種服飾文化，在我們的生活中扮演著重要角色。

■ 五、彰顯個性，塑造良好形象

2　注重儀容，保持端莊整潔

　　良好的儀容可以給人美好的第一印象，而完美的第一印象，絕對是你成功社交的敲門磚。

　　因為人是視覺的動物，所以許多事情都是眼見為憑；雖說透過溝通互動，可以改善人與人之間的關係，但假若你能在與人初次見面時就給予人良好的第一印象，那接下來的互動與溝通不是更順利、更省力嗎？

　　透過儀容的修飾打造猶如黃金般耀眼的第一印象，絕對有助於你在人際關係上的拓展。試想，若你給人的感覺始終是沉悶的，難以親近的，那對於你工作的拓展絕對沒有幫助，當然更不用說會有良好的人際關係了。

　　所以，許多成功人士，都十分注意自己的儀容外表，即使是在非常重要的場合，甚至是平時的生活中，他們也絕不會讓自己儀容隨便或邋遢不整。注重儀容禮儀，具體來說，其在社交中的重要性有如下幾點：

(1) 給人美好的第一印象

　　這是良好儀容所達到的最直接的作用。可以說，在我們每個人的心目中，都不願意與一個儀容不整的人過於親近。

對在社交中碰到的邋裡邋遢的人，大多會採取迴避的態度，實在迴避不了，也最多出於禮貌打個招呼了事。而對那些注重儀表、光彩照人的人，我們不僅不會迴避，而且會千方百計與之結識攀談，並盡可能使雙方關係進一步加深。這就是美好的第一印象──良好的儀容所造成的神奇效果。

(2) 使自己在社交中充滿自信

一個人唯有充滿自信，才能在言談溝通中給人積極向上的印象。而自己良好的儀容就可以自然使自己充滿自信。為什麼會產生這種自信的效果呢？一是心理作用，即自己透過儀容修飾，首先從心裡對自己感到一種形象上的優勢；二是他人對自己的態度所造成的強化效果，即因為自己良好的儀容而使別人都願意主動來與自己接觸、交談，在這樣的互動氛圍中，自己的自信心必然進一步得到了強化。

從上述分析我們可以充分地認知到，儀容與成功社交的重要關係。因此，我們每個人都應在社交中講究自己的儀容，注意自己的儀容，充分使用好儀容這塊成功社交的敲門磚。

良好的形象非常有利於社交的成功。人們的印象形成過程始於感情刺激，即首先透過感官覺察對方。社會交際中的人，總是以一定的儀表、裝束、言談、舉止進行某種行為而出現的，這是影響人們第一印象的主要因素。整潔大方的衣

五、彰顯個性，塑造良好形象

著、得體的舉止、高雅的氣質、良好的精神面貌和真誠動人的談吐，必定讓對方留下深刻美好的印象，從而建立起友誼和信任關係，達到社交目的。在這裡，形象不僅有著潤滑和媒介的作用，也產生黏合和催化作用，它對表達感情、增進了解、相互吸引都是必要的。

形象在社交生活和個人事業中都有著至關重要的作用，每個男人都應該樹立自己的形象意識，從一點一滴做起，逐步建立自己的好形象。

3 神采飛揚,塑造健康形象

有一個成語是「郎才女貌」,似乎男人只要有才就無所不能。其實,僅僅有才還遠遠不夠,健美的形體也是必要的。

也許有人會說,我生來就是五短身材,還談什麼美。其實不論什麼樣的身材,只要注意塑造,都可以達到一定美的程度。

現代科學證實:符合科學方法的飲食跟訓練,是塑造美的體型的主要手段。

(1)健康飲食

①降低攝取的熱量

保持正常體重。可降低攝取飲食的熱量,糖和酒精都不可多吃,否則會對身體增加額外的負擔。

②多樣化的飲食

沒有任何一種食品能提供人體所需要的全部營養。所以,每日食用多種不同的食物是很重要的。應選食如麵包、麥片、水果、蔬菜、肉肉、魚、禽肉、蛋、乳製品、玉米及其他穀類食品。

■ 五、彰顯個性，塑造良好形象

③避免攝取過多脂肪

過量食用高脂肪的食品，會使身體發胖，使血液中的膽固醇增高，對心臟造成極大的危害。

④食用含有適當澱粉與纖維的食物

吃適量的澱粉食物，不必擔心會增加熱量，反會對身體有一定的益處。優質的纖維食物，如粗糧或帶莖的蔬菜，可以促進消化，防止便祕，有益於身體的新陳代謝。

⑤進食時間及定量

提倡一日多餐。一日三餐是自古到今的飲食習俗，其實，「一日三餐」並沒有科學依據，應該是「一日多餐」。中國古代醫學家孫思邈說：「不欲極餓而食，飲不可過飽；不欲極渴而飲，飲不可過多，飲食過多，則結積聚；渴飲過多，則成痰癖。」一些現代營養學家也透過實踐認為，一日多次小餐，比相同的一日三餐儲存的體內脂肪少。因為人體能有效地代謝小餐攝取的熱量。要保持健美體型，需要減肥，又希望有較強運動能力的人，如採用「一日多餐」的方法，相信會取得很好的效果。

吃好早餐。有人為了減肥，或因早晨時間緊迫而放棄早餐，其實這樣做對身體會產生危害。不吃早餐，中午便會產生空腹感，而空腹時，體內儲存能量的保護機能便會增強，這時吃下去的食物容易被身體吸收，也最容易形成皮下脂

肪。正常情況下，前一天晚上吃的食物，經過六個小時左右就會進入腸道，第二天若不吃好早餐，胃酸及胃內的各種消化酶，就會去「消化」胃黏膜層，時間長了，很容易造成胃潰瘍及十二指腸潰瘍等疾病。此外，人在早晨進食時，由於消化的作用，膽囊中的膽汁可以排出。反之，長期不吃早餐，就容易患膽結石。

不吃早餐，或吃得很少，致使身體每天上午出現「能源短缺」，不得不動用生長發育所需要的蛋白質，長久之下，就會影響生長發育。所以，早餐一定要吃，而且還要吃得好，做到平衡營養。

晚餐要少。許多人注重晚餐，因為白天辛苦，晚上家人團聚，又有時間，於是晚餐大多比較豐盛。其實這種進餐方式既無益於健康，更談不上健美了。因為晚餐吃得太飽，太油膩，血脂便會快速升高，加之睡眠時人的血流速度減慢，血脂很容易沉積在血管壁上，時間一長，就會發胖和動脈粥狀硬化，引起高血壓和心臟病。晚餐後的活動量較小，未能消化吸收的物質，便留在腸道裡，會產生包括可致癌的有毒物質。

(2) 健美訓練

生命在於運動，健美在於訓練。

人的運動器官具有較大的可塑性，人的體型可以透過形體訓練，而發生變化，如骨骼、關節、肌肉和韌帶，經過長

五、彰顯個性，塑造良好形象

時期的規律用力，都可以發生一定的適應性形變，使整個體型趨於協調健美。因為，運動消耗大量熱量，所以運動是促進人體健美，防止肥胖和乾瘦的最好方法。肌肉是塑造體形美的關鍵要素，透過運動，使人體更多的肌肉進行活動，肌肉周圍的微細血管便會增加，促進肌肉所需的營養供應和新陳代謝活動，從而為塑造線條清晰的健美體型打下基礎。

①形體健美訓練的原則與要求

首先訓練要全面。形體健美訓練的目的，是要使全身肌肉有彈力，發展勻稱豐滿，內臟器官機能旺盛。只有堅持身體全面訓練，然後再加強不足的部分，才能達到這個目的。

其次是強度不足。對自己不夠健美的部位要加重訓練，使其得到改善。

最後，要經常訓練。人體的生理機能是「用進廢退」。只有堅持天天練，經常練，才能促進機能的發展，改善體型。「三天捕魚，兩天晒網」，間間斷斷，就很難達到健美的目的。

②訓練要循序漸進

健美訓練，不僅要持之以恆，還要循序漸進。不要企圖「一口吃個胖子」。科學合理的方法是，根據自己的體質、體態條件，制定一個訓練計畫。青少年時期，骨骼正處於生長期，加強下肢骨的訓練，可使身高和腿的長度增加，使人體

的比例適度。青年時期，要重視胸部和腹背部肌肉的訓練，促進胸部發育，減少腹部脂肪堆積。青壯年時期，除了堅持以上部位的訓練外，還要重點加強腰、腹、臀肌的訓練，以防止脂肪堆積，增強肌肉彈力。要用正確的方法進行訓練。要根據姿勢及運動指引的正確方法做，每一個動作要到位。採用某節或某套動作時，要多次反覆練，練熟，才能達到訓練的效果。

③採用正確的訓練方法

健美訓練採用正確的方法，才能達到好的成效，避免運動傷害。首先要做好熱身，使身體對應部位活動放鬆，然後，根據計畫按順序進行，全面訓練。此後，再對身體較為不足的某一部分，加強訓練。也可以做完一套訓練之後，再做用以矯正的專門訓練。最後，完成了全部訓練後，要做一下舒緩運動，使全身肌肉放鬆，心態趨於平和。根據訓練習慣和工作狀況，白天或晚上都可以進行訓練，但要安排得當，便於長期堅持。

形體美是可以塑造的，只要科學地飲食和訓練，你會發現自己一天天變美。男人應當轉變觀念，塑造自己的形體美，為成功打好基礎。

五、彰顯個性,塑造良好形象

4 文明瀟灑,舉止適宜得體

在社交場合中,一個人的舉止既展現他的道德修養、教育程度,又表現出他與別人往來是否有誠意。

男人的舉手投足間,可看出其言行舉止的修養水準。我們在社交中應做到舉止有度、得當、文明、瀟灑。

(1) 舉止有度

所謂舉止有度,是說一個人的舉止要符合一定的標準,即「站有站相,坐有坐相」。

站相是站立的姿態。一個人在站立時要保持身體正直,切忌東倒西歪,聳肩駝背。正常的站立姿勢的基本要求是:從正面觀看,其身軀應當正直,頭、頸身軀和雙腿應垂直於地面;從側面看,其下顎微收,眼平視前方,挺胸收腹,整個體形顯得莊重、平穩。兩腿間距不宜過大,以不超過一腳為宜。站立時間較長時,可以一腿支撐,另一腿稍稍彎曲。站立交談時,雙臂可隨談話內容做一些手勢,但不宜將手插入褲裝裡或交叉在胸前,更不要擺弄一些小物品,因為這樣做既不莊重,也顯得缺乏自信。

坐相是坐著的姿勢。一個人坐著時姿態要端正,不要東倒西歪、兩腿抖動,也不要一條腿放在另一條腿上,翹著

「二郎腿」。正常的姿勢是：在無靠背的座椅上就坐時，上身應保持正直微向前傾，兩肩平行，自然下垂，兩手隨意放在膝頭，腿距與肩寬大致相等，兩腳自然著地。在有靠背的座椅上就坐時，身體可以微微向後傾，靠在靠背上，但不要仰靠，露出懶散的樣子。另外，坐著時，腿不宜分得過開，女性尤應注意。

除了站相和坐相之外，還應該注意走路的姿勢。走路時身體應當保持直立端正，不要過分搖擺，也不要左顧右盼，兩眼應平視前方，兩腿有節奏地交替向前邁進，步履輕捷，不要拖拉，兩臂在身體兩側自然擺動。

(2) 舉止得當

在社會交往中，你還應該做到舉止得當。所謂舉止得當，是指社交者能夠了解某些舉止具有的特殊禮貌意義。

在社會交往中，在適當的場合裡，正確地運用這些舉止，準確地表達自己的意願。人們在交往中經常使用的禮貌舉止有：點頭、舉手、起立鼓掌、擁抱。

①點頭

這是一種最常使用的禮貌動作，經常用於與他人打招呼。用點頭來打招呼時，點頭者應兩眼看著對方，面部略帶微笑，等對方有表示時再轉向它方。點頭打招呼也可以點頭表示敬意，也可以點頭和握手配合使用。

■ 五、彰顯個性，塑造良好形象

②舉手

這是一種與對方距離較遠或交臂而過時間倉促時的打招呼方式，也是一種常見的禮貌動作。由於條件所限，打招呼者無法與對方交談或站停施禮，在這種情況下，舉手打招呼是最合適的。這種方式不但可以表示認出對方，而且還可以在短時間裡、遠距離內表達你的敬意。

③起立

這是一種在較正式場合使用的禮貌動作。在較正式場合裡，有長輩、尊者到來時或離開時，在場者應起立表示敬意。如長輩、尊者是來訪狀態，在場者應起立表示敬意，待來訪者坐落後，才可坐下；如長輩、尊者是準備離開，應起立，待他們離開時即可落座。

④鼓掌

這是在社交場合表達讚許或向別人祝賀等感情時的禮貌舉止。在正式的社交場合，重要的人物出現、精彩的演講完畢或演講結束，人們可以用鼓掌來表達自己的敬意和讚賞。

⑤擁抱

這是傳達親密感情的禮貌動作。這種禮貌動作，歐美國家應用得比較廣泛。亞洲則較常用在外交活動中的送往迎來等場合，偶爾地用於久別重逢、誤解消除等難以用語言來表達強烈感情的特殊場合，但在同輩異性之間不輕易使用。

4 文明瀟灑，舉止適宜得體

　　當然，禮貌行為不僅僅這些，不過，只要有心，不難找到很多禮貌動作的規範。

　　在社交場合，每一個男人都應該有意識地、恰當地運用這些禮貌行為，既不要過於謙虛，也不要過於傲慢，而應做到舉止得當，禮貌周到，充分展現出自己的教養和風度。

五、彰顯個性，塑造良好形象

5　彬彬有禮，展現紳士風度

　　當人們形容一個男人時常說：「他很有紳士風度。」所謂「紳士風度」，不是道貌岸然，凜然不可侵犯的樣子，而是指適時適地表現出適度的禮貌來。

　　有些人誤以為男人一定要長得英俊、有錢有勢、轎車代步、出手闊綽……等，才能討女性的歡心，其實雖然金錢、地位人人都喜歡，但一個有內涵的女子，她最欣賞的必定是風度翩翩，言行舉止合乎禮節的男士。也唯有懂禮貌，風度高雅的男人，才是女性最心儀的。因此，跟一個禮貌周到的男士同行，遠比跟有財無禮的男人在一起愉快多了。

　　禮貌是發自心底的，外表的故作風度極易讓人一眼看穿，所以，奉勸男士們應熟悉與異性交際的禮節。如果你知道在什麼場合，自己該怎麼做，而不會違禮失態，那你就是一個標準的紳士了。

　　在西方社會中，女人一向備受禮遇，不管是女性主管、女同事或家庭主婦，男人一樣表示尊重。過去的東方人則恰恰相反，典型的大男人主義，男人處處要占上風，無論在什麼場合，男人的地位總是至高無上，絲毫不容侵犯的。不過，現在這種情況已經大大改觀了。一個講究現代化教養的

5　彬彬有禮，展現紳士風度

男人在與女士相處時，不注意禮貌是無法受到歡迎的。

男人照顧女人，女人接受男人的服務，這是天經地義的事。「能者多勞」，男人的身體比女人強壯，力氣比女人大，就是動作也比女人敏捷，藉著這個先天的優勢去幫助女人，減輕女性的負擔，是男士應有的風度和器量。

例如，乘車時，讓女士先上車；陪同女士到某處去，搶先一步為她開門；進入室內後，協助她脫下外套、拉座椅；當你想抽菸時，應徵詢她的同意。這些動作絕非裝腔作勢，故意賣弄，實在是必要的禮貌，不過做時態度要自然大方，才不會弄巧成拙。

搭乘火車或其他交通工具時，如果遇見女性攜帶行李或較重包裹，也應代為取放，因為女人力氣較小，提取較為吃力，男人體魄健全，輕而易舉之事，何不效勞？

陪同女子上街時，則應走在靠道路的一側保護她，或幫她提較重的物品。如遇下雨時，更應替她撐傘。走在泥濘的路上，也應讓女伴挽住你的手臂，以免滑跌或摔跤。人群擁擠時，則應先行一步，為她開路。

與女友相偕欣賞電影卻遲到時，應牽著女方的手，由服務人員帶路或小心地去找座位，切勿把女友丟在黑暗中不顧，否則是非常不禮貌的行為。

日常有女性需要幫忙時，也應熱誠而主動地為她效勞。

■ 五、彰顯個性，塑造良好形象

不過服務宜適中，切忌熱心過度。比方說，你可以代提行李，卻不必替她拿手提包、遮陽傘和花花綠綠的包裝物；陪女子遛狗，可以幫她著牽引繩，但要是抱在懷中的小型寵物，就大可不必代勞。

禮貌不周令人不快，禮貌過多也令人難堪，唯有恰到好處，因應時宜的禮貌才會讓人覺得自在。

「發乎情，止乎禮」，以溫文爾雅的紳士風度為女性效勞，才是現代男人的驕傲，才是社會交往中男人應有的品味與修養。

六、
培養氣質，展現迷人風采

六、培養氣質,展現迷人風采

1 以微笑展現優雅氣質

據說,人在笑的時候,要動用 13 塊面部肌肉,而在皺眉蹙額時,則要使用 47 塊面部肌肉。正因為如此,所以誰都會覺得笑的時候快樂而且自然。

整日愁眉苦臉的人,可以說沒有意識到自己忽視了一個最有魅力的特點。出生兩個月的嬰兒,看見母親的微笑就會露出笑臉;到了 5 個月時,看到母親皺眉頭時,他們就會哭泣;進入托兒所和幼兒園後,他們的心情也隨環境的改變而改變。總之,孩子在出生後所接觸的,如果全是溫和、開朗、具有幸福感、經常保持微笑的人,這對於他們性格的養成,無疑是十分重要的。

其他人即使用銳利的目光看自己,也不要以眼還眼,而應該報之以微笑。對於生性乖僻、覥腆的人,我們若能笑臉相迎,之間的隔閡就會消除,對方緊繃著的臉就會很快地放鬆下來,並露出笑容。這種微笑或笑臉,就像是投向水面的小石塊,能不斷地增加和擴大親切友好的漣漪。

不過,笑也有各式各樣的笑:既有敷衍、冷淡、帶有侮辱性的假笑,也有親切、明快的微笑,另外還有純粹是出於禮儀需要的笑,和像做生意似的考慮利害得失的笑,等等。

1 以微笑展現優雅氣質

這些笑,基本上取決於一個人所處的心理狀態。真正的微笑,首先需要發自內心的真誠,也就是說,它必須產生於想助人這種真誠的願望。機械性的、習慣性的、完全是做做樣子的微笑,只不過是顏面神經的一種「慣性」而已。一個人透過訓練,雖然能夠笑得很優美,可是內心如果並不真正想笑,那麼他的笑肯定感染不了人。

一位心理學家曾經說過:「行為基本上產生於情感之後。可是事實上,行為與情感是形影不離的。我們可以透過制約受意志直接支配的行為,來間接地調節不受意志控制的情感。」所以一個人若能笑得賞心悅目、神采飛揚,那麼他肯定能贏得周圍的人的好感、同情和信任,更好地展現自己優雅的氣質。

微笑是一種語言,它能夠解決一般情況下難以解決的問題;微笑是一種力量,它能贏得朋友一起與你分享快樂;微笑更是一首最動人的詩,它能使你優雅的氣質得到完美的展現。男人應該讓微笑常駐臉上。

■ 六、培養氣質，展現迷人風采

2　學會幽默，取悅他人

幽默和取悅別人，能在給予人樂趣和神韻中，展示出的樂觀豁達的氣質人格。這是聰明人發明的一種心靈健康的靈丹妙藥，男人應當善於運用。

(1) 學會幽默

幽默是一種非常好的情緒調節劑，是良好氣質的表現。

幽默能為人帶來愉悅，使情緒平緩舒暢。在日趨緊張的現代社會，幽默是一種難得的性格，它代表了人性的自由和舒展。

人人都追求幽默，但幽默是自發的、可遇不可求的。

在我們這樣的社會，幽默是一種十分難得的天外來客。

誰能在幽默上占主動地位，誰就能很好地控制情緒。

幽默說明了一個人在情感調節中的主動性。當一個人悲哀的時候，他的幽默，就說明了他是不會真的把悲哀放在心上的。

當一個人高興的時候，他的幽默說明了，他在高興中仍有清醒理智。

幽默是良好氣質的最佳展現，是情緒智商的最高境界之一。男人適時地幽默一下，會產生意想不到的效果。

(2) 學會取悅別人

獨樂樂，不如眾樂樂？取悅他人，他人會樂，自己也得到快樂，大家同樂。具體說來，取悅別人有四種方法：

①展現自己的良好形象

取悅者通常會展現自己的良好形象來取悅對方。

這種自我展現並不是盲目地抬高自己，而是有一定目的性和方向性的，亦即取悅者大多是根據對方的期望來進行取悅行動的。

在取悅方法當中，謙虛是重要的一種。

雖然有的時候自我抬舉、自我美化也是一種很好的取悅方法，但是當取悅者知道目標者的能力比自己強，或在其他方面與自己相比有較大優勢時，他們更喜歡故作謙虛。故作謙虛或者真的謙虛，能夠滿足對方的虛榮心，這樣也就達到了取悅他人的目的。

為了取悅對方而調節自己的情緒，這是一種比較普遍的做法，幾乎人人都會做。比如，當你不高興的時候，知道對方不願意看到你的憂傷表情，你就故意在臉上露出笑容；當你高興而他不高興的時候，你就得顯得憂鬱一些，以免引起對方的反感。

為了展示出一個取悅別人的自我，你就得調節情緒，控制情感。

六、培養氣質，展現迷人風采

你越會自我展現，就越說明你的氣質好，就越說明你的情緒智商高。

②給予人恩惠

你在施予別人以恩惠的時候，要讓他感到你在關心他、幫助他或掛念他。你要讓他產生你對他是真的好的感覺，你要讓他產生對你好的感覺。

能給人恩惠，其實也就等於是給自己恩惠。因為，你在付出的時候，同時一定在得到。這種得到不是物質上的，而是精神上的。因為，你在付出的時候，你會笑，你會感到自己的高尚。這種想法，就是你的收穫。

給人恩惠，也是提高氣質技巧的一個方法。

③善於讚美他人

平時，當有人對我們有高度評價的時候，我們往往很難抵抗自己心中對這個人的喜愛。

人就是有這種心態。如果我們善於把握這種心態，那麼，我們就會大方地誇獎別人，讚美別人。在這種時候，我們的誇獎與讚美，會對我們有利。當然，誇獎與讚美的時候，一定要做得真實可信，不要讓人覺得你在故意諂媚。否則效果可能適得其反。

當你想證明自己的時候，恭維會很有效。而且，有趣的是，如果你在恭維別人的時候，能夠適當地表現出對恭維這

種行為的不屑,效果會好得多。

這種心態,是普通而正常的。

讚美也是一樣。

學會讚美,也是一種控制情緒的方法。如果一個人連讚美別人都不會,那就談不上能夠控制情緒、掌握提升氣質技巧了。

④善於附和別人的觀點

所謂附和,是指透過在觀點、判斷及行為上與目標者保持一致來贏得對方對自己的喜愛。

有兩種附和,一種是區別式附和。也就是在一些不重要的地方對目標者表示異議,而在一些關鍵問題上或緊要關頭對他表示具體的附和。這種方法能達到很好的成效。因為當你把異議與同意相互結合之後,可以避免讓人留下自己就是喜歡隨聲附和的印象。否則,你的附和就沒什麼價值了。還有一種是明顯附和,這種方式當然不會達到理想的效果。

有附和能力的人,即使是對人反感的時候,也能不表露出來。這就是氣質控制能力的表現。

3 開朗大方,展現個人魅力

生活在現代社會,因為社交與工作流動性的增加,男人每天遇見陌生人的機會愈來愈多。

假如你外出參加一個會議,放眼望去,四周都是一些陌生的面孔,這會令你覺得很不自在,你不知道該如何才能把自己「推銷」出去。正當你猶豫不決的時候,你發現會場上有一個人,從容不迫地先和你打招呼,並且泰然自若地和你侃侃而談。你覺得對方既開朗又熱忱,態度親切而且很有感染力,你不禁暗中佩服他的功力:「為什麼我就沒有這種才能?」

在我們生活的四周,總是有這種魅力無窮的人,他們非常易於察覺人際往來的微妙互動關係,只要有他們出現的地方,總是很能帶動氣氛,讓人如沐春風,樂於接近他們。

那麼,魅力究竟是什麼?

你可能想到的是,聰明、仁慈、有活力、姣好的外貌等。沒錯,這些都是構成一個人是否受歡迎的條件。但是,人際溝通專家認為,魅力並不是一項單純的性格或特徵,而是一個人多方面能力的綜合展現。

不過,具有這樣的魅力,看來還真不是件簡單的事。根

3 開朗大方，展現個人魅力

據觀察，有魅力的人，幾乎都是從豐富多樣的社交技巧中磨練出來的。

譬如，「印度聖雄」甘地（Gandhi）被公認為是一個非常具有魅力的人。然而，甘地的魅力並非天生。據說，從年輕的時候開始，甘地就有心進入英國上流社會的社交圈，立志成為一位「英國紳士」，因此，他十分有計畫地克服自己的各項弱點，訓練自己面對群眾的演說技巧與溝通的能力。

身為一個外國人，甘地清楚知道他的皮膚顏色及外國口音是絕對改不了的特徵，但是，他改變髮型，勤練英國式腔調，打扮得宜，頻頻出入各種社交場所。

甘地的魅力，在於他能運用簡潔誠懇的語言和人交談。無須諱言，經過長時間培養出來的社交能力，日後對甘地的政治生涯產生了很大的助益，使他不但能與英國的領導階層平起平坐，暢談政治，而且也抓住了全印度甚至全世界人的心。

人際專家指出，魅力奠基於良好且發展均衡的溝通技巧，而這種技巧在日常生活中就能夠透過練習得到。美國加州州立大學心理學博士瑞吉歐形容：「就好像是要成為名小提琴家一樣，魅力必須透過不斷練習、練習、再練習，才能有所收穫。」

如何訓練自己的魅力呢？

六、培養氣質,展現迷人風采

1. 必須要有強烈的動機。任何人希望自己變得有魅力,首先就必須對魅力有強烈的渴望。
2. 必須循序漸進,從外表開始著手。雖然說不應以貌取人,但無可否認,外表有時可以左右別人對我們的看法。
3. 學會放鬆,自由抒發情緒。擁有一顆開放真誠的心,隨時與人做情感的分享與交流,會讓生活更有趣,而且讓別人更容易接近自己。
4. 多聆聽觀察別人。在人多的場合,隨時注意別人談話時的聲音與表情。你不妨想像自己是偵探福爾摩斯在辦案,仔細地研究別人的一舉一動,可增加自己對他人情緒敏銳度的掌握。
5. 強迫自己與陌生人交談。排隊買票、問路、到賣場購物、等車等,都是不錯的時機。
6. 即興演講。你可以在家裡對著鏡子練習,最好把過程錄下來,作為改進的參考。人們之所以拒絕在他人面前表達自己,多半是由於害羞及缺乏自信。如果你能隨時面對各種話題不假思索地談話,將是你提升魅力的本錢之一。
7. 嘗試角色,體驗生活。很多魅力人物,都是生活經驗豐富的人,生活幫助他們培養出開闊的眼界。以老羅斯福(Theodore Roosevelt)總統為例,除了當總統以外,年輕的

3　開朗大方,展現個人魅力

時候他還曾經當過牛仔、士兵、警察局長、律師、作家、新聞記者。

8. 走向人群,實際投身於各種社交場合。雖然說,你可以藉著不同的觀摩練習來磨練技巧,但是,正如歐吉瑞博士強調:「唯一能讓你成為一流好手的最佳方式,便是直接走進球場,面對著強勁的老手面對面廝殺。」

■ 六、培養氣質，展現迷人風采

4 克服羞怯，掌控情緒

　　羞怯是阻礙人們獲得成功的心理障礙，因為羞怯而變得退卻，會使自己一事無成。只有善於控制，才能保持正確的判斷和你本來就擁有的優良氣質。男人應當戰勝羞怯，善於控制自己的情緒。

(1) **戰勝羞怯**

　　羞怯者的一些行為表現屬於消極性的心理自我防禦。

　　羞怯者往往使用退縮、迴避、疏離等行為來減輕由於自己害羞、膽怯而造成的心理壓力和心理緊張。

　　有A、B兩個男青年，他們在大學是同學，學習成績差不多，畢業後，就職同一間公司。可是，三年後，A已是處長，B卻還是一個小祕書。

　　他們之間的變化，就是因為B太羞怯。

　　由於羞怯，B失去了很多獲得主管、上司以及同僚賞識的機會。

　　做不到這些，也就不能獲得成功。

　　對B來說，這個教訓是慘痛的。

　　羞怯性格的存在，會影響一個人的前途，影響一個人一

生的命運。

所以，戰勝羞怯，就成為提升氣質和情緒智商的一個重要環節。

如何戰勝羞怯？

① 不要過於敏感

不要太注重別人對你的評價。別人說什麼，其實是無關緊要的。別人想怎麼樣，就讓他們怎麼樣好了，何必耿耿於懷呢？

但丁（Dante Alighieri）說：「走自己的路，讓別人去說吧。」

② 不要自卑

自卑的內在想法是：「我不如別人。」

可是，你仔細想想，你哪裡不如別人了？

也許你長得比別人差一點，可是你也有比他強的地方呀。你甚至可以透過努力，做到處處都比他人強。

也許你學歷比別人低一點，可是學歷雖低，個子卻比他高啊。

也許你個子比別人矮一點，可是個子雖矮，技術卻比他高啊。

也許……

你可以說出一百個一千個「也許……」，可是，無論如

■ 六、培養氣質，展現迷人風采

何，你一定要堅信，也許你在這一方面不如別人，但你在另一方面肯定超過別人。

一定要相信自己，要有信心，要高高地抬起頭，走路要步伐穩健。只有這樣，你才會活得開心，活得順利，你的人生才會充滿正面的情緒和美好感受。

克服自卑，也是控制、調節情緒，提升氣質的一種重要手段。

(2)控制情緒

情緒控制最外顯的表現就是表情控制。控制表情，必須掌握以下幾點：

①克服不良習慣

不要當眾梳頭髮、掏鼻孔、剔牙等等。

要注意細節，不要不拘小節。

當你很想那樣做的時候，那就是考驗你的自制力的時候。

控制這些動作的能力的強弱，說明了你自制力的大小，也說明了你氣質與情緒智商的高低。

②表情不要變化太大，要穩重

不要動不動就皺眉頭、動不動就哭喪著臉、動不動就哈哈大笑、動不動就手舞足蹈、動不動就面露猙獰。

情緒如此多變，心中難免有動盪；心中如此動盪，氣質難免不好；氣質不好，就是情緒智商低。

所以，一定要注意表情的穩定。

③身體姿勢要端正

站立時兩手叉腰、雙腿大開，這是不雅觀的；坐在椅子上搖搖晃晃，弄得椅子嘎吱作響，這也是不雅觀的；歪著身子，把屁股對著別人，這也是不雅觀的，等等。

以上這些，容易形成習慣。如果形成了習慣，一定要改正。改正不良習慣，正是對氣質的要求。

一個氣質高雅的男人，是很容易就能夠改掉不良習慣的。

■ 六、培養氣質，展現迷人風采

5　以氣質之美增添女性魅力

　　女人是美麗的。女人的美麗是一種擋不住的誘惑，是一種說不清的魅力。而女性真正的美主要展現她們身上的特殊氣質，這種氣質對男人有著異常的吸引力。

　　人們知道，氣質是一個人相對穩定的個性特點、風格以及氣度。性格豪放，瀟灑大方，往往表現出一種聰慧的氣質；性格開朗，風度溫文爾雅，多顯露出高潔的氣質；性格直爽，風度豪放雄健，氣質多表現為粗獷；性格溫柔，風度秀麗端莊，則讓人覺得恬靜，諸如此類。一個女人，無論聰慧、高潔，還是粗獷、恬靜，都能產生一定的美感。反之，那種刁鑽狡猾、孤冷高傲，或卑微萎靡的氣質，除了使人厭惡之外，絕無其他，何來美感可言。

　　在現實生活中，有一些女性只注意穿著打扮，並不怎麼注意自己的氣質是否合乎美的標準。當然，美麗的容貌、跟上流行的服飾、精心的打扮，都能帶給人美感。但這種外表的美總顯得淺淡短暫，如同天上的流雲。如果是有心人，則會發現，氣質帶給人的美感是不受年齡、服飾和打扮所制約的。而且真正的美首先來自於氣質。

　　女性的氣質美首先表現在豐富的內心世界裡。理想則是

5 以氣質之美增添女性魅力

內心世界豐富的一個重要面向。因為理想是人生的動力和目標，沒有理想和追求，內心空虛貧乏，是談不上氣質美的。品德是女性氣質美的一個重要元素，為人誠懇，心地善良，對愛情專一，是傳統女性的美德，也是現代女性不可少的品德。一定程度的科學文化知識會使女性氣質美大放異彩。因為科學文化知識既是當代女性立足社會之本，也是自身的一個重要修養。再說，女性的教育程度在一定程度上影響著家庭生活氣氛和後代的成長。此外，還要胸襟開闊。法國作家雨果（Victor Hugo）說過，比大海寬闊的是天空，比天空寬闊的是人的胸懷。

氣質美看似無形，實則有形。它是透過一個女人對待生活的態度、個性特徵、言語行為等表現出來的。氣質美還表現在舉止上。一舉手，一投足，待人接物的風度，皆屬此列。朋友之間剛認識之初，互相打量，立刻產生了好的印象，這個好感除了言談之外，就是舉止的作用了。舉止要熱情而不輕浮，大方而不做作。

女性的氣質美還表現在溫柔的性格上。這就要求女性注意自己的涵養，忌暴怒、忌狂妄、能忍讓、體貼人。那些盛氣凌人、傲氣十足的「女強人」，會使大多數男子敬而遠之。溫柔並非沉默，更不是逆來順受、毫無主見。相反，開朗的性格往往透露出天真爛漫的氣息，更易表達內心感情，而富有感情的人更能引起別人的共鳴。

六、培養氣質，展現迷人風采

　　高雅的興趣也是女性氣質美的一種表現。愛好文學並有一定的表達能力，欣賞音樂且有較好的音感，喜歡美術而有基本的色彩感，熱愛舞蹈有一定的舞蹈能力，其他如游泳、溜冰、園藝、養魚、編織、縫紉等等，都會使女性的生活充滿迷人的色彩。

　　有許多女性並不是傳統意義上的大美人，但她們身上卻溢露著奪目的氣質美：科學工作者的認真、執著；教師的聰慧安詳；作家、詩人的灑脫、敏銳；企業家的精明、幹練；勞動者的勤快、自信；大學生的好學上進、朝氣蓬勃……這是真正的美，和諧統一的美。

　　追求美而不褻瀆美，這就要求每一個熱愛美、追求美的女人都要從生活中悟出美的真諦，把美的樣貌與美的氣質、美的德行結合起來。只有這樣，才能獲得真正的美，才是真正的美。

6　以優雅風度展現女性韻味

　　一位具有優雅風度的女人,必然富於迷人的持久的魅力。

　　聰明的女性也要照鏡子,但她能從鏡中看到內心,能夠從鏡子裡走出來,不為世俗偏見所束縛,不盲目模仿他人。

　　優雅的風度像有形而又無形的精靈,緊緊抓住人們的感官,悄悄潛入人們的心靈,從而給人留下難以抹滅的印象。具有某種魅力的女性不一定具有風度的魅力。風度是一個人的文化教養、審美觀念和精神世界凝結而成的晶體,所以它折射的光輝也最富於理性,最富於感染性。一個女人可以有華服妝扮的魅力,可以有姿容美麗的魅力,也可以有儀態萬千的魅力,但卻不一定有優雅的風度;但是,一位具有優雅風度的女人,必然富於迷人的持久的魅力。

　　女人風度神韻之美靠的是自己樸質的心靈與真誠的表現。前者形諸風度之美,使人舉止大方;後者形諸風度之美,使人坦誠率直,不矯揉造作。「樸質」是一種自我認知、自我評價的客觀態度。樸質的女性,總是善於恰到好處地選擇表達自身風情韻味的外化形態,使人產生可信任的感受;她們就是她們自己,她們不試圖藉助他人的影子來炫耀自己、美化自己。所以,她們的風度之美,往往具有一種樸質之美。

六、培養氣質，展現迷人風采

「真誠」是一種誠實、真實、踏實的生活態度。她們對人對事不虛偽，不狡詐，又願意給予他人信任。真摯的女性，對自己的風度之美既不掩飾也不虛飾，對他人美的風度既不嫉妒也不貶低，而是泰然處之，使人感受到一種真正的瀟灑之美。

女人的風度之美，正是藉助這種媒介，產生了感染他人、美化環境的神力。

女人要保持和發展自己的風度之美，就得注意自身的語言和舉止，否則，也會使風度之美從身邊悄悄溜走。

一個女人的行為舉止、風度儀表是展現她外在魅力的主要方式之一。優雅的行為舉止使人風度翩翩，即使最普通的員工，只要她們行為得體，舉止有禮，自然會使人肅然起敬。一個人的一舉一動、一言一行都與她自己的風度儀表息息相關，注意這些細節並使之規範化，會為生活增添無限的光彩。一般來說，良好的行為舉止總是能讓人感到愉悅暢快。

有些人認為，一個人的行為舉止、外在儀表無關緊要。事實上並非如此，在現實生活中，一個人的舉止是否優雅、言行是否得體，往往直接影響一件事情的成敗。英國一位大主教曾說過：「高尚的品德一旦與不雅的儀表舉止連在一起，也會使人生厭。」無疑地，優雅的行為舉止能使女性的社交

生活更加輕鬆愉快，從而有利於事業的成功。

一個女人的行為舉止與別人對她的尊敬息息相關。熱情友好、彬彬有禮的言談舉止無疑會使人通體舒暢，在這種友好的往來中，通常都能迎向成功。也就是說。親切友好的行為舉止會有助於事業的成功。與此相反，不良的行為舉止、乏味庸俗的言語只會使人產生厭惡之感，這樣一來，什麼生意、交易都做不成。第一印象特別重要，而一個人是否有禮貌、是否客氣，是否謙恭有禮，往往對第一印象有著十分重要的影響。友善的言行、得體的舉止、優雅的風度這些都是走進他人心靈的入場券。

有一句眾所周知的格言：「風格塑造人。」但是我們不能說：「人塑造風格」一個女人可能顯得沒有修養，甚至粗魯無禮，但她也許是一個心地善良、品德優秀的人。如果這位心地善良、品德優秀的女性能表現得舉止優雅、謙恭有禮，如同真正優雅的女士一樣，那麼她肯定會更加動人，更有魅力，在現實生活中也能帶給人更多的快樂和幸福。

在一定的程度上可以說，一個人的行為舉止反映出一個人的內在品格。也就是說，一個人外在的行為舉止是其內在本性的展現。它反映出一個人的興趣、愛好、情感世界、人格性情以及他早已習慣了的社會習俗等等。這些經過長時間自我修養、自我教育而養成的個人的行為方式，乃是一個人

六、培養氣質，展現迷人風采

本身性格、氣質、個性的綜合展現，因此，這些與個人內在本性相關聯的儀表風度以及待人接物的方式、方法就具有不容小覷的意義。

　　優雅的行為舉止在一定程度上源自於謙恭有禮和善良友好。從外表上看，禮貌乃是一種表現或交際形式，從本質上來說，禮貌是我們自己對他人的一種關愛之情的展現。優雅的舉止與得體的行為並沒有什麼本質的區別，二者基本是一致的。有位哲學家曾這樣評價女性說：「漂亮的體型比漂亮的臉蛋好；優雅的行為舉止勝過婀娜多姿的身段；優雅的舉止是最好的藝術，它勝過任何著名的雕塑或名畫。」

7　嫻靜格調使女性更顯迷人

　　在古人的日常生活與社會活動中，女人嫻雅的風度是最受男人乃至世人們所稱道的。嫻雅亦即嫻淑雅緻，是女人內在美和外在美融為一體的一種統稱。對女人的內在美的最好評價是嫻淑。嫻淑包含了賢惠、聰明、自愛、自榮的德行；對女人外在美的最恰當評價莫過於雅緻，雅緻包含女人身段秀麗、容貌精美但不做作，並給人可親可愛之感。所以，評價一個女人，如若說她很嫻雅，那基本上等於肯定了這個女人。

　　嫻雅的女人雖出眾但受人敬重和愛戴。因為嫻雅的女人在人前不任意亂發脾氣，不高高在上，不歇斯底里，不失其尊嚴。在和任何人相處的過程中，她均能以穩重自愛在先，既給予人神祕感又不表現出高深莫測。嫻雅的女人無論說話還是做事，都能合理地把握住「尺度」，亦即不過分，不矯揉造作。她們一舉手，一投足，事先都要經過大腦的成熟考慮；只要是沒有絕對把握的話或行為，她們是絕對不說或絕對不做的。

　　嫻雅的女人雖也有七情六慾，但她們的情商和智商都比較高。她們不乏自己的悟性，認真地分析和思考所有能涉及

六、培養氣質，展現迷人風采

到自己個人感情空間的事。她們能適時地調節和合理地分配自己的情感流露程度，絕不做任何無謂的支出。

嫻雅的女人雖有喜怒哀樂，但她們絕不隨意宣洩。她們和普通的女人一樣有哭的時候，也有笑的時候，但她們善於控制自己的情緒。哭也好，笑也罷，她們均能做到既不讓人感到噁心，又能被她的情緒所牽動。嫻雅的女人高興的時候不得意忘形，悲哀的時候不露醜態。

嫻雅的女人的美是無可非議的。這個世界正由於有了女人的嫻雅，才使得美更具有深刻的內涵，也使美更為精彩。

嫻雅的女人的善良是無可挑剔的。這個世界正由於有了女人的嫻雅，才使得善良更能顯示出無窮的魅力。

嫻雅的女人的真實是無可撼動的。這個世界正由於有了女人的嫻雅，才使得真實更讓人感到可以信賴。

既然嫻雅能為男人乃至女人自己帶來這麼多的好處，應該奉勸天下的女人都效仿嫻雅的女人，都努力當個嫻雅的女人，以使得個個男人都能娶到嫻雅的女人。

更難能可貴的是，一輩子做人見人誇的嫻雅的女人。

七、
職場致勝，成就事業

七、職場致勝，成就事業

1　選擇最能發揮潛力的職業

有一份調查報告表明：在被調查的 3,000 多人當中，有 71.5% 的人明確表示對自己工作不滿意。當被問到不滿意的原因時，約有一半以上的人回答：「不能充分發揮自己的才能。」

這些人本來應該有更大的作為，卻因為處在一個不適合自己的位置上，英雄無用武之地，真正的本事沒法施展出來，甚至隨歲月的流逝慢慢地遺忘殆盡，變得與庸人無異。究其原因，許多人是由於在求職擇業之前缺乏對自己充分的了解，沒有具體地分析自身特殊情況，便盲從潮流選擇了並不適合自己的職業。等到無情的現實擺在眼前，他們之中大部分的人方覺得為時已晚；也有人能當機立斷改弦易轍重新找工作，但在求職愈加艱難的今日，能有此壯舉的人又有幾個呢？

張某是知名大學的大學生，學的是資訊相關科系，畢業時一家國內企業執意要聘用他，另外也有幾家外資企業想要網羅他，但他都不肯。他想要在政府機關工作，雖然競爭異常激烈，但他透過一番周折終於如願以償。他滿心歡喜，以為美好的生活前景近在眼前了，他的親朋好友也免不了要祝賀一番。可是無情的現實把他最初的理想打得粉碎。他生性

1 選擇最能發揮潛力的職業

奔放熱情，活潑好動，擅長各種球類運動，在電腦的軟體開發與應用方面更是無所不精。但命運卻把他安排在大量資料的統計、整理之中。他最初的熱情也逐漸消退，變得心灰意冷。工作也不斷出現差錯，而且因為出差時私自旅遊耽誤工作，受到了主管的嚴肅指責。幾年下來，他原來的專業知識非但沒有派上什麼用場，反而漸漸忘得一乾二淨了，枯燥乏味的工作又使他感到十分鬱悶。當他得知當年的不少同學好友取得了可觀的成績，有的成為技術主管；有的已成立自己的公司；有的則在國內企業擔任廠長、總工程師，這位當年的資訊專長的高材生百感交集。雖然他也想過要換工作，但專業知識已經難以補救了。又過幾年，由於他工作成果沒什麼起色而被辭退了，他才深刻地體會到「一步不慎，滿盤皆輸」的道理。

對每個工作者而言，充分地認識自我是尤其關鍵的一步棋。如果上面提到的張某能夠充分認識自己，發揮自己的專長，避開自己的弱點，那麼，命運便會截然不同了。

每個人的才能都有所差別，如果人人都能充分地對自己的最佳才能有所認知，並且加以發揮，那麼從社會整體來說，就是取得了最佳效益；從個人自身來說，他就是獲得了自己最佳的位置。

前蘇聯著名的心理學家索爾格納夫指出：在尋找自己的最佳才能時，不要把「想做的」與「能做的」以及「能做得最

七、職場致勝，成就事業

好的」相互混淆。而這往往是人們最容易犯的錯。大學生張某選擇的職業只是最初他「想做」的，而且在他看來，他也是「能做」的，資料統計與整理對於一個資訊專業的高材生而言，當然是不算什麼。問題在於他選擇的並不是自己「能夠做得最好的」，這便是悲劇的根源所在。

索爾格納夫這樣說：「每一個人不要做他想做的或者應該做的，而要做他可能做得最好的。拿不到權杖，就拿槍；沒有槍，就拿鐵鏟。如果拿鐵鏟的成就比拿權杖而總是打敗仗還要強上千百倍，那麼拿鐵鏟又何妨？」這個比喻生動地說明了能夠做得最好的，往往就是你的最佳才能所在。

如果某種職業特別適合自己潛力的發揮，那麼在這一領域充分施展自己的才華，並不比創業成功者遜色，因為你的選擇青春無悔，人生無愧，還有什麼比這更有價值，更有意義呢？！

身為男人，一定要弄清楚自己想做什麼，能做什麼以及什麼能做得最好，這樣才能找到最能發揮自己潛力的職業，得償所願。

2　以敬業精神達成雙贏

勤奮工作，應該是每個職場中人應有的工作態度，然而有人會說：勤奮，幹嘛要勤奮，老闆就給了我那麼一丁點薪資，我怎麼勤奮得起來？給多少錢，就做多少事。勤奮？除非我是傻子。

這是很多人都有一種態度，他們習慣於用薪水來衡量自己所做的工作是否值得。其實相對於工作所帶給你的東西來說，薪水是微不足道的，至少可以說是有限的。你的勤奮帶給老闆的是業績的提升和利潤的增加，帶給你自己的則是寶貴的知識、技能、經驗和成長發展的機會，當然隨著機會到來的還有財富。事實上，在勤奮中你與老闆獲得了雙贏。

也有一些人抱著這樣的想法，老闆太苛刻了，根本不值得如此勤奮地為他工作，然而他們忽略了一個道理：工作時虛度光陰會傷害老闆，但受傷害最深的卻是自己。

很多人花費大量精力來逃避工作，卻不願花相同的精力努力完成工作。他們以為自己騙得過老闆，其實他們愚弄的只是自己。老闆或許並不了解每個員工的表現或熟知每一份工作的細節，但是一位優秀的管理者很清楚，努力最終帶來

七、職場致勝，成就事業

的結果是什麼。可以肯定的是，升遷和獎勵是不會發生在懶惰者身上的。

勤奮工作，是一種敬業精神，是對工作的負責，是對既定目標的追求，是鞠躬盡瘁。

古語說得好：「只要功夫深，鐵杵磨成針。」全心全意地投入工作中，才能把工作做得出色。

也許你也渴望贏得成功，但又不願意去勤奮努力工作，你希望工作輕輕鬆鬆、一帆風順，可是天下哪有這麼便宜的事？當機會向你敲門時，你只能視而不見，充耳不聞，最終在懶懶散散中過完一生。那你為什麼不能換一個心態工作，讓自己勤奮一點呢？

如果你希望一件事快速而圓滿地完成，那就不妨勤奮一點、忙碌一點，不要讓懶惰吞噬你的心靈。如果你永遠保持勤奮的工作態度，你就會得到他人的稱讚和表揚，就會贏得老闆的器重，同時也會獲得一份最可貴的資產——自信，對自己所擁有的才能會贏得老闆器重的自信。

世界上沒有任何東西可以代替勤奮和敬業，教育不能，多金的父母、多勢的親戚以及其他的一切，也都不能。唯有勤奮和敬業才能成全你的人生和事業。

身為男人，一定要意識到，任何人都要經過不懈的努力才能有所收穫，收穫的成果完全取決於這個人努力的程度，

而沒有機緣巧合這樣的事存在。你不能被動地等待機會，只有靠自己的努力與苦幹去創造機會，創造未來。只有踏踏實實地勤奮工作，一步一個腳印向上攀登，成功最終才會屬於自己。

3 以工作成果證明實力

任何一名員工都無一例外地希望能得到老闆的重用和賞識，希望老闆能提拔自己，給自己機會。但很多人整天發牢騷抱怨老闆不重視自己，或在老闆面前拍馬屁，誇誇其談以求獲得老闆的欣賞，而不是以一個積極平靜的心態在自己的工作職位上竭盡所能，創造出出色的業績，用業績入老闆的法眼而獲得重用。如果你真想成功，你應該時時處處想：

自從你上次晉升以後，你的職責範圍有沒有擴大？

你是否為公司做了一系列卓越的貢獻？

一個員工既要有一定的才華和能力，還要立竿見影，把這些才華與能力在實際工作中充分運用，為公司、老闆創造出相應的業績，不失時機地表現自己。這種真實的成績加上出色的表現能力可以使一個員工更容易地得到老闆的賞識。

千萬不要小看表現能力，一個人的表現能力對於一個人今後的發展前途有著十分重要的作用。不要以為只要自己在工作中能夠創造出實績就可以了，表現不表現都無所謂，因為大家的眼睛是雪亮的，你做出的成績是有目共睹的。事情遠不像你想像得那麼簡單，實際上一個員工除非創造的工作業績特別顯著，能在極短的時間內光芒四射，否則是很不容

易受人注目的。相反,如果他現在的業績比過去稍差,就會讓人留下很深的印象。一個成績卓越然而缺乏表現能力的員工,往往很難讓老闆發現他。

也許有人認為,一個人的表現能力是天生具有的。如果想要在後天培養這種能力簡直太難了。許多能夠創造出優秀業績的員工,他們願意在進行任務時的艱難困苦,卻不願向別人展現自我,更不敢在老闆面前把這些業績表現出來。他們創造了業績卻不會拿業績說話,而事實上,只要稍微注意一下,你的業績老闆就看到了。

第一,提供資訊。員工應當把與自己工作有關,而老闆又極需要的資訊,及時、準確地回饋給老闆,如果等老闆詢問時才告訴他,效果就不理想了。

第二,抓住機會,及時向老闆彙報工作的進展情況以及可能遇到的問題。

如果時間允許,可以用閒聊的方式與老闆談論工作狀況、趁此機會若無其事地透露自己的實績。如果刻意介紹反而會讓老闆不以為然。

第三,當老闆要求員工彙報工作時,員工應簡明扼要、重點突出地闡述,冗長的說明或拖泥帶水的彙報,會讓老闆感到不耐煩。

第四,整理並呈現出來你的業績。

七、職場致勝，成就事業

當你跟經理交談時，給他一份簡短說明（標明你的各項成就），這就使你的談話內容主次分明，使你的業績顯得更加突出，然後，著重強調現在以及將來你對公司的價值，並解釋為什麼透過你腳踏實地，堅定不移的努力，公司可以有更好的發展前景，給自己信心，給經理信心，讓他知道你是有用的，因為你可以為公司創造價值。

培根說過：「沒有爽快的對話而只有單調的長篇大論，表示說話者的感覺遲鈍。」

彙報工作簡潔清晰，重點突出，這是一種最基本的表達能力。一個員工要想在老闆面前好好地表現自己，就必須要掌握這種能力。如果員工能夠言簡意賅並且準確無誤地向老闆說明自己的工作，那麼這個員工一定會讓老闆留下一種十分幹練的印象，這種印象無疑會增加老闆對他的信賴。

員工應適應老闆的願望，凡事多彙報，尤其是對那些資深且能力很強的員工來說，有一個心理障礙需要被解決，即：不管你資歷多麼深，能力多麼強，只要你是員工，你就只能在老闆的支持和允許下工作，如果沒有這種支持和允許，你將無法工作，更別說創造業績了。

任何一個老闆都會力爭做出成績，拿出一些光彩的東西來，那他自然需要一批兢兢業業、埋頭苦幹的員工來踏實地為他工作。所以要從眾多同事中脫穎而出，就必須提升自己

的業務能力,並努力博取老闆的信任。有許多人非常想做出一番事業,但他們往往憑熱情行事,興致來了就風風火火拚一陣子,興致一過就敷衍了事,缺乏耐心與恆心。在老闆眼中,這樣的員工是根本靠不住的,自然也就不會委以重任。老闆通常喜歡工作認真、兢兢業業的員工,但絕對不喜歡平庸之輩。成天忙碌卻做不出多少成績,不僅得不到提拔,而且會在老闆和同事的眼中留下了愚笨的印象。

拿業績說話,僅僅盡職盡責是不夠的,還應該做得比自己分內的工作多一點點,比老闆期待的再更多一點,這樣才可以吸引更多的注意,為自我的提升創造更好的機會。

男兒當自強。如果你想成為老闆跟前的紅人,你一定要記住:要老闆賞識的首要條件是業績,有了業績,才好說話。

4　勇於承擔工作責任

現在的社會是一個各種禁忌相繼消失的社會，沒有什麼能約束你，約束你的只有自己的心。同樣，工作中的任何責任你都可以找個合適的理由逃避，但是你的內心可以做到沒有任何愧疚嗎？

在遇到困難的時候，一個主動承擔責任的員工會讓大家十分感激，甚至就連局外人也會對這種正直和勇氣而欽佩不已。但是我們是不是應該反過來思考一下，當自己面對責任的時候又會怎樣呢？

也許逃避一次責任會讓你竊喜，以為自己是聰明的，而別人是傻瓜。可是，只有當發現此後責任再也不會在你面前出現的時候你才會明白，那些承擔過責任的人有了更豐富的經驗，有了更好的職務，甚至老闆都和他稱兄道弟，他們其實並不傻。

而你自己呢？除了一般的日常工作，沒有人和你深入交流，你孤單了，因為沒有人覺得和你在一起有什麼必要，有你和沒有你有什麼區別呢？反正關鍵時刻你總是失蹤或者一推了之。

不過話說回來，也許你在遇到困難或者犯了錯時依然會

4　勇於承擔工作責任

逃避責任。逃避責任是行動上的事實，但是我不相信你的內心完全同意你做出這樣的行動。也許你心裡說我要負責，可是行動起來卻兩腿發軟。如果是這樣，首先要恭喜你，你是一個心智正常的人。你所需要的就是邁出扎實的第一步！一旦邁出這一步，你就能夠成為強者。

當擔負責任成為習慣時，你的身上就會煥發出無窮的人格魅力。

一個人承擔的責任越多越大，證明他的價值就越大。在公司裡，只有勇於承擔責任的員工才會得到老闆的信任，才會得到重用。

所以，你應該為所承擔的一切感到自豪。證明自己最好的方式就是去承擔責任，如果你能有所擔當，那麼恭喜你，因為你不僅向自己證明了自己存在的價值，你還向老闆證明你可以，你很出色。

只有當一個人從心底改變了自己對承擔責任的理解，意識到責任不僅是對企業的一種負責，也是對自己的一種負責，並在這種負責中感受到自身的價值和自己所獲得的尊重和認同時，他才能從承擔責任中獲得滿足。

承擔責任，努力工作，對一個優秀的員工而言，感受更多的不是壓力，而是一種快樂和幸福；對企業老闆而言，他也正是可以真正放心的員工。

七、職場致勝，成就事業

　　試著去承擔一些責任，並且為這份責任付出自己的努力吧。你會發現心情會隨之開朗，智慧會隨之增加，你的周圍會聚集更多志同道合的同事，讓你在不知不覺中成為一個優秀團隊的核心。

　　一個人應該為自己所承擔的責任感到驕傲，因為你已經向別人證明，你比別人更突出，你比他們更強。

　　你，值得信賴！

　　儘管我們同情弱者，但我們絕不欣賞苟且。「君子坦蕩蕩，小人常戚戚。」光明磊落的人永遠都是人格上的勝利者。

　　負責的表現有很多種方式，比如耐心細緻地負責就是一種。我們經常忽略了辦公室裡那個默默無聞的行政人員，直到有一天傳真、檔案、合約、電話一團糟的時候才意識到他那天請了病假。

　　還有一種是坦蕩理智地負責。比如上級大發雷霆讓一群下屬戰戰兢兢，只有那個勇敢的人漲紅了臉直視老闆的目光，坦然面對，在承擔起全部責任的同時仔細分析失敗原因。

　　負責的概念有時是比較模糊的，責任的邊界也往往是不清楚的。面對同樣的工作，有的員工就會多做一些，有的人則能偷懶就偷一點。這正是一個人人格的分水嶺。勇於承擔責任、任勞任怨是一種高尚的人格，但是勇於負責是需要很

4 勇於承擔工作責任

大勇氣的。遇事推諉，不敢承擔責任，是一種低俗人格的表現。所以說，在責任心的天平上，最能秤量出一個人的人格優劣。

是的，當你準備負責任的時候，那麼你就獨立於大多數同事之外了。可能沒有人會幫助你，甚至可能真的因為問題嚴重而讓你一個人承擔全部最壞的結果。可是，如果選擇逃避責任，雖然你一時不會失去這份工作，但長久下來，誰願意和一個不敢承擔責任的人一起做事呢？日復一日，每次都是如此逃避直到眾人都無視你的存在，那麼你在這裡的工作還有什麼意義呢？

如果你願意，不妨輕聲告訴自己挺起胸膛，用這些庸庸碌碌、毫無意義的日子換取一個機會，一個讓眾人重新認識你的機會，告訴自己也告訴別人：你可以解僱我，但是你無權扭曲我的人格！

如果你這樣做了，你就維護了自己人格的尊嚴。勝人者有力，自勝者強。你的強大會影響更多的人，並使他們團結在你的周圍。如果勇於承擔責任，你就因此而會遠離最初時你感覺到的孤獨和無助。

那些不願意多承擔責任的員工只有兩種結局：一輩子在原地踏步；或是被別人踩在腳下，永無出頭之日。

在一間公司裡，有一些員工往往認為只有那些有權力的

人才有責任，而自己只是一名普通員工，根本沒有什麼責任可言。如果你是有這樣想法的員工，那麼，我想告訴你的是：沒有意識到責任並不等於沒有責任。換句話說，沒有意識到責任就是對責任的另一種逃避。每個員工都要意識到自己承擔職位責任的事實。

負責任的精神如果貫穿在一個人的整體意識當中，就會漸漸演變成為一種處世的態度，也就是我們常說的認真負責。男人應當勇於承擔責任，做個值得別人信賴的人。

5　不為未完成的任務找藉口

　　拋棄找藉口的習慣，你就會在工作中學會大量的解決問題的技巧，這樣藉口就會離你越來越遠，而成功就會離你越來越近。

　　我們看到過很多這樣的事實：許多有目標、有理想的人，他們認真工作，他們努力奮鬥，他們用心去想、去做……但是由於過程太過艱難，種種原因讓他們越來越倦怠、洩氣，終於半途而廢。

　　他們不知道，要想達到一個目標，必須沒有任何藉口。只有積極尋找解決問題的辦法，才能完美地執行你的任務。

　　「執行，不找任何藉口」，看起來好像有點冷漠，沒有人情味，但它卻可以激發一個人最大的潛力。無論你是誰，在職場上，在人生中，無需任何藉口，失敗了也罷，做錯了也罷，再妙的藉口對於事物本身也沒有絲毫的用處。許多人生中的失敗，就是因為那些一直麻醉人們的藉口在作祟。

　　身為一名在職場打拚的員工，無論做什麼事情，都要記住自己的責任；無論在什麼樣的工作職位，都要對自己的工作負責。不要用任何藉口來為自己開脫或搪塞。

　　「沒有任何藉口」做事情的人，他們身上所展現出來的是

七、職場致勝，成就事業

一種服從、誠實的態度，一種負責敬業的精神，一種完美的執行力。一個不找藉口的員工，肯定是執行力很強的員工。對一個員工來說，工作，就是一種職業使命，就是不找任何藉口地去執行。

員工要完成老闆交付的任務，就必須具有強而有力的執行力。接受任務就意味著做出了承諾，做出了承諾，就要無條件地去執行。

有家收益相當好的公司，為了遴選招募優秀的行銷人員，對前來應徵的人出了一道實驗題：如何將木梳賣給和尚，越多越好，限期10天。

當時許多人對這一試驗感到不可思議，議論紛紛，和尚怎麼會買梳子呢？更有人認為，這是公司故意出的難題，把木梳賣給和尚有什麼意義呢？

當場就有好多人表示對這一做法不理解而離開了，只有小王、小張和小李願意一試，他們是這樣想的，既然想成為這一家公司的員工，當然就要服從上司的安排，服從了就要去執行。於是他們三個人分頭出去進行任務。

限期已到。小張賣出了一把梳子，小李賣出了10把梳子，只有小王完成得最出色，他賣出了1,000把梳子。上司問他是怎麼完成的。小王說，我只想成為這家公司的一員，當然要服從上司的安排，服從了就要去執行，只有想方設法

5　不為未完成的任務找藉口

把木梳賣給盡量多的和尚才算叫執行。

有哪一個老闆不喜歡這樣的員工呢？小王得到這個工作機會是理所當然的。

任何一個老闆都希望擁有更多的優秀員工，能不折不扣地完成任務，當老闆讓你做更多更重要的工作時，你如果能完美執行，且不找任何藉口的話，會讓老闆非常欣賞你。

卡羅・道恩斯原來是一名普通的銀行職員，後來受聘於一家汽車公司。工作了6個月之後，他想試試是否有晉升的機會，於是直接寫信向老闆杜蘭特先生毛遂自薦。老闆給他的答覆是：「任命你負責監督新廠機器設備的安裝工作，但不保證加薪。」

道恩斯沒有受過任何工程方面的訓練，根本看不懂構造圖。但是，他不願意放棄任何機會。於是他發揮自己的領導才能，自己花錢找到一些專業技術人員完成了安裝工作，並且提前了一個星期完成。結果，他不僅升了官，薪水也增加了10倍。

「我知道你看不懂構造圖，」老闆後來對他說，「如果你隨便找一個理由推掉這項工作，我可能會讓你走。我最欣賞你這種工作不找任何藉口的人！」

在責任和藉口之間，選擇責任還是藉口，展現了一個人生活和工作態度是積極的還是消極的，同時也決定了一個人

七、職場致勝，成就事業

是成功者還是失敗者。

道恩斯如果起初以不懂構造圖為由，拒絕這一項工作，也許便不會成為後來的擁有千萬資產的道恩斯了。

當你為自己尋找藉口的時候，不妨聽聽這個故事，也許你能從中汲取你所需要的精神營養。

在一個漆黑的夜晚，一個坦尚尼亞的奧運馬拉松選手艾克瓦里（John Stephen Akhwari）吃力地跑進了墨西哥市奧運體育場，他是最後一名抵達終點的運動員。

這場比賽的優勝者早就領了獎盃，頒獎儀式早已結束，當艾克瓦里獨自一人抵達體育場時，整個體育場已經幾乎空無一人。艾克瓦里的雙腿綁著繃帶，沾滿了血跡，他努力地繞體育場一圈，跑到了終點。在體育場的一個角落，享譽國際的紀錄片製作人格林斯潘（Bud Greenspan）默默地看著這一切。在好奇心的驅使下，格林斯潘走了過去，問艾克瓦里，為什麼要這麼吃力地跑至終點。

這位來自坦尚尼亞的年輕人輕聲地回答說：「我的國家從兩萬多公里之外送我來這裡，不是叫我在這場比賽因傷放棄，而是派我來完成這場比賽的。」

沒有任何藉口，沒有任何抱怨，執行就是艾克瓦里一切行動的準則。

身為男人，應該知道，優秀的員工從不在工作中尋找任

5 不為未完成的任務找藉口

何藉口,他們總是把每一項工作盡力做到超出客戶的預期,最大限度的滿足客戶提出的要求,也就是「滿意加驚喜」,而不是尋找任何藉口推諉;他們總是出色地完成上級安排的任務;他們總是盡力配合約定的工作,對同事提出的幫助要求,從不找任何藉口推託或延遲。

不要讓藉口成為你成功路上的絆腳石,搬開那塊絆腳石吧!把尋找藉口的時間和精力用到努力工作中,因為工作中沒有藉口,人生中沒有藉口,失敗沒有藉口,成功也不屬於那些尋找藉口的人!

七、職場致勝，成就事業

6　靈活變通，在職場中游刃有餘

我們知道，八面玲瓏的人是不會死守教條的，他們的特點就是善於變通。

美國辛辛那提大學的喬治‧古納教授，在他講授祕書相關課程時提供了這樣一個案例：

有一天，一家公司的經理突然收到一封非常無禮的信，信是一位與公司密切往來的代理商寫來的。

經理怒氣沖沖地把祕書叫到自己的辦公室，向祕書口述了這樣一封回信：「我沒有想到你會寫這樣的信給我，你的做法深深傷害了我的感情。儘管我們之間有一些交易，但是按照慣例，我還是要把這件事情公布出來。」

經理叫祕書立即將信列印出來並馬上寄出。

對於經理的命令，這位祕書可以採用以下四種方法：

第一種是「照辦法」。也就是祕書按照老闆的指示，遵命執行，馬上次到自己的辦公室把信列印出來並寄出去。

第二種是「建議法」。如果祕書認為把信寄出對公司和經理本人都非常不利，那麼祕書應該想到自己是經理的助手有責任提醒經理，為了公司的利益，哪怕是得罪了經理也值

得。於是祕書可以這樣對經理說:「經理,這封信別理他,撕了算了。何必生這樣的氣呢?」

第三種是「批評法」。祕書不僅沒有按照經理的意見辦理,反面向經理提出批評說:「經理,請您冷靜一點,回一封這樣的信,後果會怎樣呢?在這件事情上,難道我們不應該反省反省。」

第四種是「緩衝法」。就在事情發生的當天下班時,祕書把影印出來的信遞給已經心平氣和的經理說:「經理,您看是不是可以把信寄出了?」

喬治·古納教授在教學中選擇了第四種「緩衝法」。

他的理由是:第一種「照辦法」,對於經理的命令忠實地執行,身為祕書確實需要這種特質,但是「忠實照辦」,仍然可能是失職;第二種「建議法」,這是從整個公司利益出發的;對於祕書來說,這種富於自我犧牲的精神是難能可貴的,可是,這種行為超越了祕書應有的許可權;第三種「批評法」,這種方法的結果是祕書介入經理的最後決定,是一種越權行為;而第四種「緩衝法」,則是一種最折衷的、於經理於該祕書都無不利的方法。這是在工作中善於變通的表現,反映出一個部屬機敏靈活的處事頭腦和審時度勢的工作能力。

處事靈活還表現在細分工作上,懂得如何選擇工作,統籌兼顧。

七、職場致勝，成就事業

有人認為，既然計畫的實現要靠勤奮的工作，就義無反顧地投入到工作中去。結果工作一件接一件，也來不及分辨，整天埋沒在工作中，出不了頭。記住，工作是手段、是工具而不是最終目的。不被工作奴役的人才真正具有成長的潛力。

假如你覺得工作很複雜，你可以把它分開來做，假如你一點一點去做，你會做得更多；假如你把工作分配得很好，那只需要幾分鐘的時間就能完成一個細節，你會發覺完成工作的速度，比你預期的速度快上許多，你也會發覺，這樣比你原來所想像的容易得多了。

在你逐步做完這些細分工作之後，你會有更多的熱忱加快速度完成工作，而且你能從中獲得更大的滿足；假如你走到了一個死巷子，就別再走下去，你可以先做別的部分，直到這個障礙被消除後再去做。當你往別處想，做別的部分時，你的心智就會有一個休息的機會，等你再回頭去做時，你可能已經有了解決問題的方法；假如你鑽牛角尖死守那個樁，你就會一直被憂慮所困擾。

善於靈活變通的員工還表現在對老闆褒獎的正確應對上。

當老闆表揚員工時，有些員工會過分地表示謙虛和推卻，還有就是冷淡對待老闆的表揚或誇獎，這樣做是絕對不夠明智的。這樣的員工大有人在，他們在做出了一定的成績得到老闆的稱讚時，常常表現得若無其事，表情冷淡，只是

6 靈活變通，在職場中游刃有餘

淡淡地回答：「這沒什麼。」可能他自認為那件事本身就沒什麼，小事一樁。但這種回答卻只會讓人留下負面印象，也會對他的工作實績造成負面影響。

如果你不能對老闆的稱讚做出積極的應答，那麼無疑會失去一次向老闆表現自己的大好機會，甚至還會因為你不恰當的應答方式而削弱你辛辛苦苦做出來的成績，破壞你在老闆心目中原本還不錯的印象。因此，千萬不要在這種時候過分謙虛，如果你想以自己的過謙來贏得老闆的欣賞，那最終結果一定會讓你大失所望。

同樣一項工作，有的員工可以十分輕鬆地完成，而有的員工還沒有完成就時不時出現各種問題。又如在生產線上，假設同一個時段裡，同一臺設備，生產同樣的產品，讓不同的人來做，產量和品質就是不一樣。這除了個人有特別好的反應能力等先天條件外，關鍵就在於有的人用大腦在工作，他會去思考如何用有效的方式在最短的時間內生產更多更好的產品，而有的人僅用雙手在生產。

社會越進步，對人們的知識要求就越寬廣，尤其是在目前的競爭社會中，人人都要學會創造、學會開拓，而創造開拓都離不開創造性思考。創造性思考是對已經熟悉的事物有意識地抱持著懷疑的態度，把已有定論的理論、經驗、做法，按照自己的觀點和思路去進行驗證或解釋，從而獲得新的突破和發現。一個員工要想培養靈活善於變通的能力，就

七、職場致勝，成就事業

要有新穎的創新意識。

日本東芝電器公司於 1952 年前後曾積壓了大量的電扇賣不出去，7 萬多名員工為了打通銷路，想了不少辦法，依然進展不大。有一天，一個小職員向董事長提出了改變電扇顏色的建議。在當時，全世界的電扇都是黑色的，東芝公司生產的電扇自然也不例外。這個小職員建議把黑色改為淺色。這一建議引起了董事長的重視。經過研究，公司採納了這個建議。第二年夏天東芝公司推出了一批淺藍色的電扇，大受顧客歡迎，市場上還掀起了一陣搶購熱潮，短時間內就賣出了幾十萬臺。而且，從此以後，不論在日本，還是在全世界，電扇都不再是一副統一的黑色面孔了。

我們的世界給予創新者出路，因為我們需要他們。而模仿者、追隨者、墨守成規者不會受人歡迎，因為他們很難開闢新道路。無論你抄襲、模仿的偶像多麼的偉大不凡，你也不會走向成功。完全的抄襲與模仿不會造就成功，只有自己的創造力，才能讓你走入成功的天地。

身為男人，應該知道，世界需要標新立異者，因為他們能脫離舊軌道，獨闢蹊徑。

獲得成功的法寶就蘊含在你自己體內，那就是你的才能與勇氣，就是你的堅韌決心，就是你的良好品格與創造力。只要你善於靈活變通，就會在職場中遊刃有餘，如魚得水。

7　抓住展現才華的良機

人生的事業如同舞臺上的戲劇。戲劇的動作與臺詞，在演出時必須把握得恰到好處才行。事業也是如此，表演如何，就靠自己的功夫了。

例如：在工作中有求於人是最難啟齒的，不但要放下身段，還須依據要求的內容向對方略表感激。然而，最有效的方法究竟是什麼？

在工作上有求於人的時候，貿然地提出請求是否有效？事情是否能在最佳時機解決？這都是困難點。

另一方面，在工作中助人也要選對時機。若是太早出手幫忙，可能就會演變成干涉對方的局面。若是太慢伸出援手，又可能只是安慰對方卻沒有實質作用。

什麼時候才是伸出援手的最佳時機？前提就是要先了解工作的狀況，追蹤工作的經過。問題的重點就在於對方對自己信賴的程度。如果對方對自己不太信任時，保守地協助他才是最有效的方式。

當對方為了尋找一個工作方向而弄得暈頭轉向的時候，能夠使事態急轉直下的時刻就是最佳時機。

七、職場致勝,成就事業

這時機也可說是致勝先機。在工作關係中沒有所謂的勝與負,完全是針對問題而言。拜訪、招待、會談、協商、送禮,這些都是對應時機進行;甚至連一起喝一杯都得看時機。

對於一個初涉職場的人而言,更重要的是要抓住表現自己才華的最佳時機,因為只有這一刻,你才能使大家了解到你的與眾不同之處。

喜劇巨星卓別林(Charlie Chaplin)之所以能夠成為喜劇泰斗,就是因為他抓住了表現自己事業才華的最佳時機。有一次,當拍戲拍到一半,導演突然想起什麼似地大叫:「喂!這個場面是不是該有個有趣角色出現呢?」

當時只是個小演員的卓別林,很快就有了靈感:他穿著寬鬆的褲子、大皮鞋,黏著一抹小鬍子,在枴杖上放著高帽子站在導演的面前。卓別林抓住了表現自己才華的最佳時機,因此成為眾所周知的喜劇泰斗。

職場是男人人生奮鬥的舞臺,有才華是很重要的,但僅有才華還不夠,還必須把握住一展才華的機會。只有這樣,才能最大限度地將才華展現出來。

8　學會適度展現自我

　　一個男人在事業或工作上具有一般的業務常識,能夠勝任工作,似乎很值得誇耀一番,這並沒有什麼了不起的,因為這是他的本分,而且也不會為他帶來較高的榮耀。要想出人頭地,就必須具有更專業,而且是超出一般水準的技術和知識才行。你是否能夠成為自己這一行業之中的佼佼者,就看你是不是具有比他人更豐富的專業知識。

　　有一位廣告公司的員工,他只有高中學歷,除了懂電腦知識以外又沒有其他專長,在廣告公司裡並不特別出色。當公司剛開始引進電腦的時候,公司召開了幹部會議。使用電腦的常識在今日來說已經是人人皆有的基本知識,但在當時幾乎沒有幾個人了解其中奧妙。雖然在會議中電腦供應商已經非常詳細地教導大家使用方式,但由於這些管理階層的人大多是文組畢業,聽了也是一知半解。

　　最後,輪到這個人發表意見,他的見解非常具有深度,讓大家都大感驚訝。他所表述的意見連理工科畢業的工程師都自嘆不如。結果,他被提拔躍升至電腦工作室的主管。這是因為他當業務員時就已經預測到有一天電腦會全面流行,所以私底下吸收了許多這一方面的知識。

七、職場致勝，成就事業

所謂事業上的專長指的就是這個。暗藏實力而讓大家覺得你具有不容忽視的能力，這樣才能得到別人的尊敬與信賴，也才能拓展自己的事業版圖。

一個人如果能力不足，面對競爭必定失敗，但是，有能力卻仍然遭遇失敗，就是欲哭無淚了。就以刀具為例：刀刃鈍的刀子再怎麼用力也切不下去，這是無法改變的事實；而刀刃銳利的刀子雖然很好切，但一不小心反而容易劃傷自己，非得小心不可。

例如：你對某公司的狀況十分了解，當那些弄不清楚真相的人在談論這件事的時候，其中有些人是想藉機探聽消息的，而你卻毫無戒心，把自己所知道的資訊一五一十地說了出去。結果，本來對這件事不會太了解的人，反而從你這裡得到了情報。如果是別有用心的人，他再搬弄是非，讓別人以為是你在隨便散播小道消息。結果本來是對自己很有利的情報，反而成為自己的絆腳石，這可真是得不償失。

你一定會說：「這個道理不用說我早就已經知道了！」但是，你在工作或事業中是否真的能時刻記住這個原則，並且隨時提醒自己呢？

每個公司都會有能力好與能力不好的人。通常主管都喜歡把工作交待給能力比較好的人做，認為能力好的人一定要能夠不負所托地完成任務。但是，這一類的人多半容易驕傲

自滿,一有了驕傲之心就容易鋒芒畢露。鋒芒太露的人反而容易遭人嫉妒。所以,聰明的人一定懂得明哲保身之道,不隨便展現自己在事業或工作上全部的實力,讓人輕易知道自己有多少戰鬥力。

你是否感到自己在某方面的才華鋒芒畢露?別忘了「寶劍不可隨便出鞘」的道理。如果在決鬥一開始的時候,你就先亮出自己的「傳家寶劍」,讓對方一眼就看穿了你的實力,這場決鬥你就輸定了。寶劍一定要在最後關頭才可出鞘,這樣你才有反敗為勝的機會。切不可讓對方從一開始就追著你打,到最後你只有棄械投降一條路。對方越是不知道你的實力,越是不敢忽視你。

男人在職場上打滾,不表現自我是不行的,但表現不當,也會帶來不利。只有適當地表現自我,才會得到預期的效果。

■ 七、職場致勝，成就事業

9 努力獲得上司的賞識

　　當今社會，每一個男人都生活在一個龐大的組織中，每一個男人都要和別人發生關聯。無論你是科學研究人員、教師、職員、主管，還是工人、農民、軍人，在你所在階層或某個位置，只要你不是混吃等死，你總是不安於現在的位置。對於一個願做管理者的男人來說，當上了組長，又想當工廠主任，當了工廠主任，又萌發出管理全廠的念頭。再說，從在事業上的成就感這個角度來看，現在是協同作戰、利用別人的幫助才能成功的時代。

　　事業的成功，成功晉級都有賴於你透過交際行為贏得上司的賞識。姜太公垂釣於渭河，諸葛亮躬耕於南陽，如非得到賞識重用，他們的經天緯地之才恐怕也會淹沒無聞，可能只好屈居渭河，老於南陽。而古往今來，又有多少滿腹經綸的才能之士，因為沒有受到賞識而空懷壯志，默默無聞，潦倒一生呢？所以做為一名想有所成就的男人，切莫以為能利用有效的交際手段而受上司的賞識是一件小事。縱是名角，也得要有舞臺才得一顯身手；縱是將才，也得要有兵馬才能攻戰決勝。

　　下屬要取得上司的賞識，首先自己必須具備一定的實際

9 努力獲得上司的賞識

才能,世有千里馬而後有伯樂。不管如何殷勤表現,若非千里馬,也不會被伯樂看中。但在具備了一定能力後,你就不能把希望寄託在你上司是個「伯樂」上,透過社會交際來「表現你自己」,就是下級人員最需要著重考慮的事。

對於身處下級的男人來說,透過交際手段贏得上司的賞識有多種管道,在不同的地方,對不同的上司,又有各種不同的要求。但是,贏得賞識總有共通性的要求,也就是在任何地方、對任何上司基本上都適用的要求,這可歸結為以下三點:

(1)容忍上司

有的上司,因為曾經犯過錯誤,或者是在管理層中受到排擠,和下屬也沒有較好的情感交流,於是感到不被接納,往往會變得暴躁易怒,變本加厲地責罵下屬,總喜歡找麻煩,抓住機會訓斥下屬一通。如果你遇到這樣的上司,應怎樣和他建立和諧的關係呢?首先要做的事就是接受他,讓他感到舒暢而自由。

容忍是人生交際的維生素。在面對社會的芸芸眾生時,因各種複雜的因素,人們都不敢展現「真實的自我」。所以,能夠容忍順應上司,他也會接受你。那麼,這樣的人將會讓上司產生極好的自信心,也會極其信任這樣的人。

能夠包容別人、喜愛別人的男人,才擁有最大的改變人的

力量。相反的，愛挑出別人的缺點，好為人師的「評論家」，永遠不可能改變任何人，也永遠不可能建立起別人的信任。

(2) 承認上司

承認是滿足人性的第二個願望。承認比起容忍又進了一步，承認不僅是接受對方的缺點，還表示用正向的態度發現對方的優點。

每一個人都希望自己的優點長處受到承認，缺點短處受到諒解接納。只要是「人」，都可以在他身上找到可以承認的部分和可以非難的缺點。

否定性格的人，因為總是從否定的角度來挑對方的缺點，所以在別人身上發現的也全是缺點。肯定性格的人，總是把目光放在別人的長處，在別人身上會看到許多優點，所以總是能夠與別人和睦相處。

對一個身處下級的男人來說，如果能發現上司的長處，並真誠地讚賞上司的長處，可以使上下關係變得融洽。而利用上司的長處，可以使你的以及你所在部門的事業蒸蒸日上，興旺發達，必會使你受到上司的賞識。

(3) 重視上司

重視是人類的第三個渴望。重視上司的存在就是要提升上司的價值。並不是只有下級才有求賞識的心理，上司也同

9 努力獲得上司的賞識

樣有意無意地在尋求賞識。

重視會產生奇蹟，增加別人的自信心，鼓舞他人的力量。

按照對等原理，你若對你的上司（或者同事、家人、朋友）做出極高的評價，他們也會同樣地評價你；你重視別人，別人也會重視你。

大家都有這樣的經驗，上司總是最重視那些認真完成他所安排的任務的下屬。如果下屬對上司的安排推三阻四，或愛理不理，上司定會將這種下屬「置之度外」。

重視也代表著用「特殊」的態度對人。有一首詩講到：「如果一個人對你說話，像對一萬個人說話時，這種人將永遠沒有朋友。」有某雜誌社曾刊登廣告約稿，結果沒有一個名人投稿。後來改用寫信的給很多名人約稿，每封信都用手寫而不是列印，同時寫上收信人的名字，結果大多數收到了回音。上司和「名人」一樣，在交際中更加需要特別的重視。不能「一概而論」，把抽象的「上司」當成對象，這樣容易使對方產生覺得受到輕視，而必須對「這一個」具體的上司採取個別對待的方式，表明你的重視，這樣，上司自然也會重視你。

10　成為上司的得力助手

人不可能一口吃成胖子。同理的，要想升遷也還得一步穩穩進行。在企業或公司裡，謀位掌權的誘惑比起官場來絕不遜色，甚至有過之而無不及。聰明的「野心家」都知道決定自己升遷與否的最關鍵條件就是自己的頂頭上司。無論你喜不喜歡你的上司，他都是決定你升遷或加薪的重要人物。因此，聰明的「野心家」也都是可以扮演好上司左右手的能人。

一般來說，若不喜歡某個人，我們可以與他疏遠。但與上司之間若是缺乏連繫，結果雙方只會越來越不信任和不尊重。更重要的是會大大影響到你向上爬的機會。

即使你與上司互相不欣賞，但處處表示你的支持，多少可以贏得上司對你的尊重。多考慮以下的問題：上司最需要什麼？怎樣可以幫助他？你以往犯過什麼錯，將來可以避免嗎？對你必有裨益。

記著，私底下，你可以與上司的意見背道而馳，但在公開場合，一定要處處支持他，以行動來使他的決策付諸實現。還有，萬萬不可在背後說上司的壞話，否則，吃虧的只會是你自己。

每個人都有自己的工作風格，正如你也有自己的一套方

法。問題是你既然是下屬，就必須設法去協助上司們完成任務，達到為公司賺錢的目的。

適應不同上司的工作方式，亦是男士必須懂得的技巧。如何去適應？一點也不困難，只要本著誠意去與對方接觸，撇除一切主觀看法或者其他同事的意見即可。當上司向你委以任務，請先清楚了解對方的真正意思，再衡量做法，以免因誤會而種下惡根或惹來麻煩。進行的方式，以不抗拒對方的意願，又切合自己的要求為重，那麼雙方才會合作愉快。

與上司建立良好的工作關係，對你的工作有百利而無一害。

犯了錯，不要找藉口和推卸責任。解釋並不能改變事實，承擔了責任，努力工作以保證不再發生同樣的事，才是上策，同時得學習接受批評。

與上司保持良好的溝通是取得信任和得以升遷的必不可少的工作。這種技巧十分微妙，給予上司簡潔、有力的報告，切勿用淺顯和瑣碎的問題煩擾他或浪費他的時間，但遇到重要的事則必須請示他。

即使你對現今的工作感到很滿意，仍然要進一步獲得上司的賞識，這樣才能每年都有升遷加薪的機會。

不少人抱怨主管自以為是、獨裁、對下屬很刻薄，時常要你超時工作，卻並不欣賞下屬所做的一切。這些使下屬神

七、職場致勝，成就事業

經緊張，覺得辦公室就像一個人間地獄。

其實這些人的不幸與憂傷，都是自尋煩惱，只要我們對自己說：「我不要受到他人的影響，我只為自己而活，我要成為自己生命的主宰。」誰也不能折磨你，使你成為出賣自己的人。在你覺得無法忍受的情況下，儘管走人就好了。

與上司好好相處的方法，萬變不離其宗，簡單來說，有以下三個原則：

1. 客觀衡量自己在公司的地位。雇主與員工之間的關係，永遠建立在互利互惠之上，問問自己有什麼對公司有利的長處，盡量在那方面大展身手，不要捲入是非圈子裡。
2. 無論何時何地，幫助上司解決疑難，儘自己所能把事情做好。
3. 在適當的時機，說合適的話，做合適的事情。

如果你的學歷比你的上司更勝一籌，例如：你是研究所畢業，而他僅是大學畢業，你可能感覺上司時常針對你，事無大小，他總是與你持相反的意見，對你肆意批評。或者，當你偶然犯了一點小錯誤，他會不客氣地咆哮：「一個研究生應該不會犯這種錯誤，難道你在學校裡什麼東西也沒有學會嗎？」面對這種情形，你應該怎樣與上司建立良好的關係呢？

英國一位著名的職業顧問說：「首先你要消除成見，不要以為上司是故意針對你，要知道上司對你根本談不上什麼深入的認知，他又怎樣會無端不喜歡你？他們可能對所有下屬都是如此，你應該學習與上司相處，慢慢讓他發現你的優點。這樣你們的關係就會逐漸走上正常的軌道。」

成為上司的左右手並不是要扶持他一輩子，而是要將上司當成自己向上爬的一步臺階，作為實現自己「野心」的一顆有力棋子，使自己穩步成功。

七、職場致勝，成就事業

11　以全方位能力打造晉升實力

一個人能否從普通地位躍升到一個特殊地位，能否從下級晉升到領導地位上去，關鍵因素是自己的實力。即使有人提攜，如果你是個泥菩薩，也是難以渡河到達彼岸的。而有實力的人，即使無人提攜，他自己卻可以創造條件達到自己的目的。

那麼，什麼是實力呢？實力就是一個在各個方面所表現出來的過人的能力。這些能力包括下列幾個面向：

(1)一定的決策能力

身為一個下級，雖不是決定大局的領導者，但由於諸多工作的相對性和在某些特定工作環境中的需求，同樣也需要有一定的決策能力。這種能力是一種運籌帷幄、拿主意、制定計畫的能力，是決定採取什麼方式、什麼途徑來進行工作的決定能力。它通常包含兩個方面的要求，一是抽象思考的能力，即透過現象發現本質、透過特殊看見一般的能力；二是掌握全局的能力，即高瞻遠矚，不被區域性的小事件遮蔽雙眼，具有能夠分清主次、輕重、緩急的能力。要創造性地完成本職工作，甚至到將來成為更高一級的人才，下級都需要具備有一定的決策（決定）能力。如果下級因為今天的「不

11　以全方位能力打造晉升實力

在其位，不謀其政」而放棄了對決策能力的追求，那麼就不會有太大的進步和發展。

(2) 資訊處理能力

一般而言，下級的工作內容雖有不同，但從本質上來說，每個下級工作的過程就是一個接受資訊、處理資訊、輸出資訊的過程。因而它要求各類下級人員必須具備資訊處理這一基本能力。

資訊處理能力，就其表現形式來說，大致有這樣三種情況：一是對資訊的顯示力，即對正常發展的事物，透過其某些細枝末節，看出其中潛在的矛盾和問題，從而提出針對性的解決辦法，促使事物按既定目標發展；二是辨誤力，即在錯誤傾向剛剛冒出頭的時候，能預見到它將產生的嚴重後果，從而提出緊急煞車的正確主張；三是正向力，當一股強大的社會潮流湧來，能保持清醒的頭腦，辨明前進方向，從而為上級主管提出相應對策。

現代社會瞬息萬變，各種資訊縱橫交錯，數量大，變化快。下級人員必須有強烈的意識，不僅要善於透過多種方式、途徑獲取資訊，還要增強鑑別、加工、篩選「綜合處理」資訊的本領。

鑑別，是指對信息的真與假、正確與錯誤、新與舊、價值的大與小，能迅速準確地做出判斷與反應；加工，是指對

七、職場致勝，成就事業

原始資訊的補充、深化、昇華，分析、分類整理；篩選，是指對資訊的選擇、儲存、去偽存真、去蕪存菁，既能為自己的本職工作提供幫助和參考、又能為上級主管提供更多的有價值的高階資訊，以正確地指導現實，把握未來。

(3) 出謀獻策能力

下級人員在某種情況下，也是上級主管的參謀助手，其工作內容要隨著主管工作的轉變而轉變。由於現代組織的主管工作已由經驗型向科學型逐步轉化，為此，下級人員參與政務、輔助決策的作用，在新的情勢下顯得愈來愈突出。事實上，出謀獻策能力已成為衡量一個合格的下級人員程度高低的一個顯著象徵。

在新的時代條件下，下級只有更新觀念，放開手腳，將被動服務轉變為主動服務，達到服從性和創造性的統一，組織性和個性的統一。應該說，下級在執行和服從的前提下，有著廣闊的出謀劃策的創造天地。比如，可以把組織的「上情」和「下情」，「內情」和「外情」結合起來。經過深思熟慮向主管提出創造性的有關事業發展的一些政策方針的建議，也可以從領導者的思考角度、考慮範圍出發，謀全域，議大事，為領導決策提供更好的比較方案；還可以在準確及時地領悟理解領導意圖的同時，研究或提供實行的辦法和措施。總之，一個不能為領導者提供合理化建議的下級，就算不上是一個優秀的稱職的下級。當然其晉升的空間也就無從談起。

(4) 應變能力

應變能力是對各類人才提出的一條高標準的要求，因為應變能力實際上是對一個人的知識、經驗、心理特質等綜合能力的考驗。在複雜多變的現代社會，下級人員只有具備了這種高層次的能力，才能更進一步地顯示自己的價值。

當然，這裡所說的應變能力，絕不是見風轉舵的圓滑與世故，而是建立在專業判斷的基礎上的原則性和靈活性的統一，是根據各種現實情況，審時度勢地做出的最佳臨陣決定。下級要提升自己的應變能力，實際上是對其創造力的一種要求，即要求下級在具體的工作中應不斷根據發展變化了的主客觀條件，隨時調整自己的工作方向和相關內容的一種能力。它是對教條主義的否定，對唯規章、唯上級指示而動的一種否定，這既需要智慧，也需要膽識和勇氣。也正是因為這一不墨守陳規、勇於創新的膽識，下級的應變能力才顯出了更大的價值。因此，下級人員應該把提升應變能力作為自己能力結構中的一個重要因素。

(5) 語言表達能力

語言表達能力包括口頭表達能力和文字表達能力兩個方向。

所謂口頭表達能力，就是將自己的思想、觀點、意見、建議等內在想法，以最簡潔清楚的方式傳遞給別人的一種能

七、職場致勝,成就事業

力。口頭表達的基本要求是言能達意,聽者明白;口頭表達能力的較高要求則是運用生動有效的表達方式、恰到好處的態度,巧妙地表達自己的各種意圖思想,並對聽眾產生最理想的理解和動容效果。

在日常工作中,無論是彙報工作、提出建議、傳達指示、協調工作,還是調查研究、接待來訪者和辦理日常事務,幾乎都離不開採用口頭語言這種媒介形式進行。口頭表達能力如何,直接影響著實際工作效果。如果口頭表達能力差,不僅影響工作效率,也會妨礙人際關係,甚至會損害個人和組織的聲譽。因此,說話時要盡力做到:發音標準,口齒清楚,講話從容,用詞恰當,態度得體,盡量避免事實、論述、數字等的前後不一。語言要簡潔,少說廢話、空話,不要裝腔作勢,矯揉造作。盡力克服吞吞吐吐、囉嗦拖沓、顛三倒四的毛病,養成言簡意賅、清楚明白的表達習慣,要達到這些要求,就要平時多學習、多磨練,在實踐中注意應用。這樣就會逐步提升口頭語言表達能力。因為良好的口頭表達能力,其實是多種內在素養形成的一種綜合能力。只有具有清晰敏捷的思維、冷靜沉著的態度、豐富的知識、過人的智慧以及一定程度的文化修養才能真正達到。真正優秀的口頭表達能力是言之有物、言之有理、言之有趣。而鼓舌如簧,伶牙利齒式的能說會道如果沒有思想深度,便難以登上語言藝術的大雅之堂。

文字表達能力是將自己的實踐經驗、工作心得、現實狀況、調查研究等等有關工作和想法的東西，以書面的形式表達出來，要求系統化、條理化、讓讀者明白知曉，理解接受。

掌握一定的文字表達能力，是現代各類領導者的一個必要的要求，因為在現代社會的各項工作中，都需要不同程度的文字表達。有無文字表達能力、對下級的成長發展影響很大，因為文字表達能力有助於多項特質的完善。

要有較強的文字表達能力，需要經過艱苦的訓練。寫作中要文思敏捷，頭腦清楚，行文迅速，言簡意賅，熟悉法規，符合政策。要做到這一點，就要不斷加強自身的知識修養，並掌握一定的寫作規律。工作中的各類寫作不是一個純文筆技巧問題，而是多方面功力的綜合反映。這就要求不僅要有較高的理論水準跟政策認知，有對社會生活本質比較深刻的思索；還要有較為豐富的生活閱歷、工作經驗和業務能力以及較強的認知、分辨能力和邏輯思維能力。

(6) 做事處世能力

「世事洞明皆學問，人情練達即文章」，做事處世能力可以說是各種能力的融合，是一個人綜合素養的反映。做事處世能力包含的內容比較廣泛，大致上說來有如下幾個方面的表現。

首先是理解和領悟能力。做事處世都是在人與人交往中進行,離不開與各種對象打交道。要達到預期的目的,就必須很快、很準確地領悟上級的意圖,也要準確無誤地聽懂、摸清對方的想法,從而進一步「開啟缺口」,達到目的。

其次是條理和駕馭能力。有時面對的常常是千頭萬緒、繁雜而急迫的情況,需要有提綱挈領,抓住關鍵的駕馭本領,把事物迅速歸納、梳理出頭緒,分清輕重緩急、難易遠近,駕輕就熟地將各種事項處理得清楚、穩當。

第三是適應各種環境的能力。現代社會環境情景多變,在做事處世的過程中應該有對各種環境的滲透和適應能力,不封閉孤立自己,能將自己融入到時代、組織和群體之中,順應環境,改造自己。

第四是交際能力。處理人際關係是一門學問,而交際能力是處理人際關係的重要因素。有些人很善於交際,使人容易接近,也容易被人信任,因而處世和諧,辦事的成功率也高;而大多數人則處於中間狀態。

(7) 創造性工作能力

這是指在工作中要能創造出具有價值的新理論、新觀點或發現新事物的能力。也就是靠自己獨立發現新事物,提出新見解,解決新問題的能力。在現代社會中,下級人員不能僅僅是上級指令的被動執行者,要想獲得晉升和有更大的發

展，就必須要有創造性工作的能力。

創造性工作能力，是以其他能力為基礎而形成的一種更高級的能力。要想具備這種能力，首先要打破傳統的舊觀念，要保持積極的工作熱情，要有一種強烈的進取心。在工作中要善於提出自己和他人過去未曾提出過的見解，發現新的規律，解決新的問題，提出新的建議等。在精通專業知識的基礎上，在提高其他方面能力的同時，要注重培養和鍛鍊自己的創造性工作能力。

(8) 專業能力

這是從事各自不同職位工作必需的最基本的能力，因為類型太多，這項能力難以一一列舉。

一個人的能力決定了他將在社會中扮演什麼樣的角色，別以為你今天只是一個下級或一名普通的執行人員，只要你能力出眾，遲早有一天你會坐到主管的位子上。因為，你的實力就是你最堅強的後盾。

12　主動爭取升遷機會

著名的諮詢專家舒茲博士在美國科羅拉多州舉行的一次管理研討會上有過一次演講，他演講的主題是：個人才智領導你的升遷。演講結束後，有一位工廠經理比爾來到舒茲博士面前，說道：「我同意你對升遷的準則，但是你遺漏了一個重要的因素。你並沒有把一個人想得到升遷的重要性說得足夠透澈。」

舒茲想了一想，回答說：「你說得沒錯。我的演說只適合於你──一個高級主管，並沒有說到有關低階員工們對升遷的希望。」

「的確如此，」比爾接著說，「也許現在有數十萬的經理，他們有資格也能獲得升遷，如果他們願意做一件事的話。」

「什麼事呢？」舒茲問。

比爾回答：「只要向他的上司要求升遷即可。也許他們沒辦法立即就得到升遷，但提出自己的要求一定會得到幫助的。」

在舒茲博士和比爾討論這件事的幾個月後，舒茲以前的學生珍妮絲跑來找他討論自己的問題。

12　主動爭取升遷機會

她抱怨說她已經有三年都沒有升遷了：「我見過有些條件比我差的人，都升遷到薪資較高的職位，但我卻被忽視。」

她說道：「我認為這是不公平的，我該怎麼做呢？」

舒茲博士回答說：

「我對妳的公司了解也不多，所以我也不知道妳的上級主管是否有欠公允。但是，珍妮絲，妳告訴我，妳曾要求過升遷嗎？」

珍妮絲看起來很困惑，回答說：「沒有，我沒有要求過，我認為我的上司知道我的工作比一般人做得好。」

於是，舒茲博士又想到了比爾給他的提示，並向珍妮絲說明，高層的經理們認為較高職位的工作是很重要的。他們拔擢的人必須有另一個條件，他們喜歡提拔那些想成為領導者的人。具有領導的欲望，是領導過程中最重要的部分。當你要求升遷時，你表現出了進取的精神，而高階主管通常是喜歡提拔有進取精神的員工的。

這次交談，舒茲以這樣的建議做了總結：「珍妮絲，下週告訴妳的上司說，你認為妳有資格升遷，同時妳也會負起所有責任。」

幾個星期後，珍妮絲打電話給舒茲，並告訴他，她升職了。

過了幾年以後，舒茲又接到三次珍妮絲打來的電話，

七、職場致勝，成就事業

告訴他她又升遷了三次。五年之內，她的收入增加了三倍之多！

當你再想想看時，你會很驚訝地發現，你沒有得到生活中所有美好的事物，只因為你沒有要求。

如果你認為你應該獲得升遷的話，提出你的要求。俗話說得好：「嘎吱作響的車輪才能滴上潤滑油。」如果你認為你應該得到，你就必須去爭取。也只有積極主動的爭取，你才能爭得升遷的機會。

下面是一些問題可以幫助你在職場上提升自己的職位和待遇：

①在目前的工作領域裡，你有沒有能力勝任更高一層的工作？雖然有時候你難免會遇到挫折，但還是要把握每一個機會，讓別人知道，你有意願和能力做更多貢獻。

②當問題發生時，你是否有能力解決（而無須把問題交給同事或上司）？如果你能降低上司的工作量，他會很感激你的。

③你有沒有尋找及把握升遷機遇？套句老話：機會很少主動上門。

④你願不願意做別人不願做的事，並在過程中學習新技能？「技能」是職場的關鍵。你能勝任的工作越多，你的身價也就越高。不過還是一句話：你必須為自己創造機會。

⑤你能不能為公司創造新的賺錢管道？超級業務員往往比他們的上司賺更多錢。創造新產品、為現有產品注入新生命、開發新客戶等等，都能為你在職場裡帶來更多的金錢和影響力。

七、職場致勝，成就事業

13　將工作視為人生大事

工作是現代女性建立獨立人格的重要保障。可以說，沒有工作的女性，是不可能成為真正的成功者的。因此，女性要追求成功人生，就必須重視工作，把工作當成自己的人生大事；而不單單是一種賺錢的途徑。

不容否認，過去許多職業女性的工作，多屬不需要自我實踐和發揮的基層工作，很少具有價值和成就感可言。但是，今日女性對於一份工作或事業的認知，則早已不再僅是為了賺錢和打發時光。

工作乃人生大事，不論從事何種工作，只要是有利於自身發展的，就應當兢兢業業，去把它做好。當然，你若想展現獨一無二的自己，只有依照個人的志趣和價值觀的取向，選擇可以實現自己理想的行業，才能得以自我實現。

一個人要先認清自己的才能，才能找到終極目標。身為女性，倘若想要登峰造極，則更需要勇於突破傳統，向未知挑戰，才會有非凡的成就。

其實，社會發展到今天，許多人已不再認可傳統的戀家守舍，以丈夫為天的那種弱者形象的女性，現代社會所推崇的女性形象是「事業型」的。「事業型」的女性就應該走向社

會,選擇一項有利於自我發展的工作,並投入極大的熱情和努力,認真地把它當作人生的支柱,最終實現自己的人生價值。因此說,事業型的女性應該具有:

其一,事業依託感,即把事業列在人生環節中的第一位,在事業中尋求個人發展與位置,體會人生的幸福和歡樂,求得個人與時代發展的相互適應;

其二,事業追求感,即在事業中不斷地去追求更高的目標,自強不息,向上、向前、向未來,不貪圖安逸和滿足現狀;

其三,事業競爭感,即不甘落後,具有勇於比試的志氣,和勇於標新立異、開拓進取的精神。

只要對工作盡心盡力,執著地追求,堅持不懈地努力。任何女性都可像男人一樣,最終走向自己的成功之路。

14　熱愛自己的本職工作

　　瑪麗·簡任職於西雅圖第一金融信託公司，在三年的工作中，她贏得了「難不倒」的美譽。她有自己的一套工作準則，那就是——今日事今日畢。她處理每一件事都細緻周到，並確保它們在第一時間高品質地完成。

　　憑著自己對工作的熱愛和付出的努力，瑪麗·簡晉升為部門的小組長，由於她總能認真傾聽同事的想法，了解部下所關心的事情，並領導她的部門出色地完成每一項任務，瑪麗·簡的小組贏得了好評，成為全公司公認的可以委以重任的團隊。

　　與此相反，三樓有一個部門人數眾多，績效卻不理想，他們與瑪麗·簡的團隊形成了鮮明的對比，因此成為大家批評的焦點。為了能讓公司進行全面的改觀，老闆決定將瑪麗·簡升為三樓的業務經理。幾個星期後，瑪麗·簡慎重而又很不情願地接受了升職，雖然公司對她接手三樓寄予厚望，但她卻是硬著頭皮接受了這份工作。工作的進展自然十分艱難，但是，瑪麗·簡迅速調整心態，把對這份工作的厭惡轉變成了熱愛，同時，她的這種積極的情緒深深地影響了每一個員工，在這種精神的支持和鼓舞下，瑪麗所在的部門迅速

14 熱愛自己的本職工作

發生改變,並最終成為公司的典範。

有句話說得好:「選擇你所愛的,愛你所選擇的。」身為一名員工,瑪麗強迫自己愛上自己選擇和接受的工作,透過自己的努力,為公司做出巨大的貢獻,也為自己的職業生涯寫下了閃亮的一筆。

其實,任何人都有可能不得不做一些令人厭煩的工作。即使給你一個很好的工作環境,但如果總是一成不變的話,任何工作都會變得枯燥乏味。許多在大公司工作的員工,他們擁有淵博的知識,受過專業的訓練,有一份令人羨慕的工作,拿一份可觀的薪水,但是他們中的很多人對工作並不熱愛,視工作如束縛,僅僅是為了生存而不得不出來工作。他們神經緊張、未老先衰,工作對他們來說毫無樂趣可言。

可見,一件工作有趣與否,取決於你的看法,對於工作,我們可以做好,也可以做壞。可以高興和驕傲地做,也可以愁眉苦臉和厭惡地做。如何去做,這完全取決於我們自己。所以只要你在工作,為何不讓自己充滿活力與熱情呢?

每一個員工都應該學會熱愛自己的工作,即使這份工作你不太喜歡,也要盡一切能力去轉變,去熱愛它。並憑藉這種熱愛去挖掘內心蘊藏著的活力、熱情和巨大的創造力。事實上,你對自己的工作越熱愛,決心越大,工作效率就越高。

七、職場致勝，成就事業

當你抱有這樣的熱情時，上班就不再是一件苦差事，工作就變成了一種樂趣，就會有許多人願意聘請你來做你更熱愛的事。如果你對工作充滿了熱愛，你就會從中獲得巨大的快樂。設想你每天工作的八小時，就等於在快樂地游泳，這是一件十分愜意的事情！

奎爾娜是一家汽車修理廠的修車工人，從進廠的第一天起，她就開始喋喋不休地抱怨：「我是女人，修理這工作太髒了，看我這一身！」「真累呀，我簡直要討厭死這份工作了！」「憑我的本事，做修車工人太丟人了！」

每天，奎爾娜都是在抱怨和不滿的情緒中度過的。她認為自己在受煎熬，在像奴隸一樣做苦力。因此，奎爾娜每時每刻都窺視著師傅的眼神、舉動，稍有空隙，她便趁機偷懶，隨便應付手中的工作。

幾年過去了，與奎爾娜一同進廠的三個工友，各自憑著自己的手藝，或另謀高就，或被公司送去進修了，獨有奎爾娜，仍舊在抱怨聲中做著她所蔑視的修車工人。

無論你正在從事什麼樣的工作，要想獲得成功，都要對自己的工作充滿熱愛。如果你也像奎爾那樣鄙視、厭惡自己的工作，對它投以「冷淡」的目光，那麼，即使你正從事最不平凡的工作，你也不會有所成就。

15　以最佳精神狀態投入工作

　　精神狀態是如何影響工作的，不是任何人都清楚，但是我們都知道沒有人願意跟一個整天提不起精神的人打交道，沒有哪一個老闆願意提拔一個精神萎靡不振，滿腹牢騷的員工。

　　微軟的人資主管曾說：「從人力資源的角度來說，我們願意錄用的『微軟人』，他首先應是一個非常有熱情的人：對公司有熱情、對技術有熱情、對工作有熱情。可能在一個具體的工作職位上，你也會覺得奇怪，怎麼會錄用這樣的一個人，他在這個行業涉獵不深，年紀也不大，但是他有熱情，和他談完之後，你會受到感染，願意給他一個機會。」

　　以最佳的精神狀態工作不但可以提升你的工作業績，而且還可以為你帶來許多意想不到的成果。

　　剛剛進入公司的員工，自覺工作經驗缺乏，為了彌補不足，常常早來晚走，鬥志高昂，就算是忙得沒時間吃午餐，依然很開心，因為工作有挑戰性，感受也是全新的。

　　這種工作時熱情四射的狀態，幾乎每個人在初入職場時都經歷過。可是，這份熱情來自對工作的新鮮感，以及對工作中不可預見問題的征服感，一旦新鮮感消失，工作駕輕就

七、職場致勝，成就事業

熟，熱情也往往隨之湮滅。一切開始變得平淡，昔日充滿創意的想法消失了，每天的工作只是應付完了即可。既厭倦又無奈，不知道自己的方向在哪裡，也不清楚究竟怎樣才能找回曾經讓自己心跳的熱情。在老闆眼中你也由一個前途無量的員工變成了一個單純稱職的員工。

保持對工作的新鮮感是保證你工作熱情的有效方式。可是這談何容易，不管什麼工作都會經歷從開始接觸到全面熟悉的過程。要想保持對工作恆久的新鮮感，首先必須改變工作只是一種謀生手段的認知。把自己的事業、成功和目前的工作串聯起來；其次，保持長久熱情的祕訣，就是為自己不斷樹立新的目標，挖掘新鮮感；撿起曾經的夢想，找機會實現它；審視自己的工作，看看有哪些事情一直拖著沒有處理，然後把它做完……在你解決了一個又一個的問題後，自然就產生了一些小小的成就感，這種新鮮的感覺就是讓熱情每天都陪伴在自己身邊的最佳良藥。

(1)讓你的熱情像野火般蔓延

精神狀態是可以互相感染的，如果你始終以最佳的精神狀態出現在辦公室，工作有效率而且有成就，那麼你的同事一定會因此受到鼓舞，你的熱情會像野火般蔓延開來。

劉小姐是一間汽車清潔公司的經理，她負責的店鋪是十二家連鎖店中的一間，生意相當興隆，員工熱情高漲，感

覺生活是美好的⋯⋯

但是劉小姐來這裡之前不是這樣的,那時,員工們已經厭倦了這裡的工作,他們之中有的已打算辭職,可是劉小姐卻用自己昂揚的精神狀態感染了他們,讓他們重新體會到工作的快樂。

劉小姐每天第一個到達公司,微笑著向陸續到來的員工打招呼,把自己的工作一一排列在日程表上,她創立了與顧客聯誼的員工討論會,時常把自己的假期向後推遲⋯⋯

在她的影響下,整間公司變得積極上進,業績穩步上升。她的精神改變了周圍的一切,老闆因此決定把她的工作方式向其他連鎖店推廣。

(2) 使你看起來是一個值得信賴的人

良好的精神狀態是你責任心和上進心的外在表現,這正是老闆期望看到的。

所以就算工作不盡如人意,也不要愁眉苦臉、無所事事,要學會掌控自己的情緒,讓一切變得正面積極。

一位成功人士提醒我們:「如果你對於自己的處境都無法感到高興的話,那麼可以肯定,就算換個處境你也照樣不會快樂。」換句話說,如果你現在對於自己所擁有的事物,自己所從事的工作,或是自己的定位都無法感到高興的話,那麼就算獲得你想要的事物,你還是一樣不快樂。

所以要想變得正面積極完全取決於你自己。

在充滿競爭的職場裡，在以成敗論英雄的工作中，誰能自始至終陪伴你，鼓勵你，幫助你呢？不是老闆，不是同事，不是下屬，也不是朋友，他們都不能做到這一點。唯有你自己才能激勵自己更好地迎接每一次挑戰。

工作時神情專注，走路時昂首挺胸，與人交談時面帶微笑……會讓老闆覺得你是一個值得信任的人。越是疲倦的時候，就穿得越好、越有精神，讓人完全看不出你的一絲倦容。如果是女性的話，還要化個全妝，這樣做會對他人帶來正向的影響。

總之，每天精神飽滿地去迎接工作的挑戰，以最佳的精神狀態去發揮自己的才能，就能充分發掘自己的潛力。你的內心同時也會變化，變得越來越有信心，別人也會越來越了解你的價值。

良好的精神狀態不是財富，但它會帶給你財富，也會讓你得到更多的成功機會。

16　主動積極地完成工作任務

　　許多女人是茫然的。她們每天在茫然中上班、下班，到了固定的日子領取自己的薪水，高興一番或者抱怨一番之後，仍然茫然地去上班、下班……她們從不思索關於工作的問題：什麼是工作？工作是為什麼？可以想像，這樣的年輕人，她們只是被動地應付工作，為了工作而工作，她們不可能在工作中投入自己全部的熱情和智慧。她們只是在制式化地完成任務，而不是去創造性地、自動自發地工作。

　　我們沒有想到，我們固然是踩著時間的尾巴準時上下班的，可是，我們的工作很可能是死氣沉沉的、被動的。當我們的工作依然被無意識所支配的時候：很難說我們對工作的熱情、智慧、信仰、創造力被最大限度地激發出來了，也很難說我們的工作是卓有成效的。我們只不過是在「過日子」或者「混日子」罷了！

　　其實，工作是一個包含了諸多智慧、熱情、信仰、想像和創造力的詞彙。績效優良和積極主動的人，他們總是在工作中付出雙倍甚至更多的智慧、熱情、信仰、想像和創造力，而失敗者和消極被動的人，卻將這些深深地埋藏起來，他們有的只是逃避、指責和抱怨。

七、職場致勝，成就事業

工作首先是一個態度問題，是一種發自肺腑的愛，一種對工作的真愛。

工作需要熱情和行動，工作需要努力和勤奮，工作需要一種積極主動、自動自發的精神。只有以這樣的態度對待工作，才可能獲得工作所給予的更多的獎賞。

應該明白，那些每天早出晚歸的人不一定是認真工作的人，那些每天忙碌不停的人不一定是優秀地完成了工作的人，那些每天按時打卡、準時出現在辦公室的人不一定是盡職盡責的人。對他們來說，每天的工作可能是一種負擔、一種逃避，他們並沒有做到工作所要求的那麼多、那麼好。對每一個企業和老闆而言，他們需要的絕對不是那種僅僅遵守紀律、循規蹈矩，卻缺乏熱情和責任感，不能夠積極主動、自動自發工作的員工。

工作不是一個關於做什麼事和得到什麼報酬的問題，而是一個關於生命的問題。工作就是自動自發，工作就是付出努力。正是為了成就什麼或獲得什麼，我們才專注於什麼，並在那個方面付出精力。從這個本質的方面來說，工作不是我們為了謀生才去做的事，而是我們用生命去做的事！

成功取決於態度，成功也是一個長期努力累積的過程，沒有誰是一夜成名的。所謂的主動，指的是隨時準備把握機會，展現超乎他人要求的工作表現，以及擁有「為了完成任

16　主動積極地完成工作任務

務，必要時不惜打破常規」的智慧和判斷力。

知道自己工作的意義和責任，並永遠保持一種自動自發的工作態度，對自己的行為負責，是那些成就大業之人和凡事得過且過之人的最根本區別。

明白了這個道理，並以這樣的眼光來重新審視我們的工作，工作就不再是一種負擔，即使是最平凡的工作也會變得意義非凡。在各式各樣的工作中，當我們發現那些需要做的事情──哪怕並不是分內的事的時候，也就意味著我們發現了超越他人的機會。因為在自動自發工作的背後，需要你付出的是比別人多得多的智慧、熱情、責任、想像和創造力。

七、職場致勝，成就事業

八、
廣結善緣，拓展人脈資源

八、廣結善緣，拓展人脈資源

1 創造與人相識的機會

這個世界上，在各方面都有許多出類拔萃的人物，他們的影響是非同小可的，有志成功的男人必須利用與他們接觸的機會和他們建立良好的關係，這對個人的前途有時候至關重要。不要等待，一味地等待只能使你錯失良機，絕對不可能使你建立良好的人際關係，你應該積極地一步一步地去做，沒有什麼不好意思的。

在各個場合，你有許多接觸他人的機會。如果你想接近他們，讓他們成為你人際網路中的一員，你必須付出像那些西方議員一樣的努力。假如你到一個新的環境，如機關、企業、學校等，在彼此都不認識的時候，你要主動「出擊」，以真誠友好的方式把自己介紹給別人。

如果你想多結交一些朋友，你就主動地了解對方的興趣愛好。你可以透過多種方式去得到他們這方面的資訊，你要注意與其相處時累積跟他有關的情況的認知，你可以透過他的朋友了解他的為人處世，你可以透過他的一些個人資料記錄了解他。

曾有一位記者，當他要結交新朋友時，總是想方設法弄到他們的生日。他先是請教這些人，問他們生日是否會影響

1 創造與人相識的機會

一個人的性格和前途,並藉機讓他們把生日告訴自己,然後他悄悄地把他們的生日都記下,並在日曆上一一圈出,以防忘記。等這些人生日的時候,他就送點小禮物或親自去祝賀,很快,那些人就對他印象深刻,把他當成好朋友了。

人與人往來中也會出現一些交際的好機會。多交一些有益的朋友,拜見一些成功的前輩,會轉變你一生的機運。

「獨木難支大廈」,朋友在關鍵時刻幫你一把,可能會直接導致你事業的成功。所以,要隨時注意能結交人緣的好機會,你對此必須有所準備,因為機遇是一個捉摸不定的寶貝,但它又專愛有準備的頭腦。

比如有朋友請你去參加一個生日聚會、舞會或者打牌,如果不是另有十分緊急的事的話,你不要因為自己忙碌,一時懶得動身就拒絕參加。因為這些場合是你結交新朋友的好機會。又如新同事約你出去逛街或者看場電影什麼的,你最好也不要隨便拒絕,這是一個發展關係的好機會。

不過,你也不要以為機遇會像一個到你家來訪的客人,在你家敲著門,等待你開門讓它進來。許多失敗者常常以自己沒有好機遇為藉口,這只能使他們再次嘗到失敗的痛苦,殊不知,人際關係中的機會也需要人去創造。

如果你想和剛認識的朋友進一步發展關係,你可以請他到你家作客,如果你想追一位異性朋友,你更得挖空心思尋

八、廣結善緣，拓展人脈資源

找機會和藉口跟她或他接觸。又如你想和多年未見的老同學重溫舊情回首往事，你可以試著舉辦發起下一次同學會。

人與人之間接觸越多，距離就可能拉得更近。這跟我們平時看東西一樣，看的次數越多，越容易產生好感。我們在大眾媒體中反覆聽、反覆看到的廣告，久而久之也會在我們心目中形成印象。所以交際中的一條重要規則就是：找機會多和別人接觸。

如果要成功地找到和一個人接觸的機會，你必須對他的作息、生活安排有所了解。對方什麼時候起床、吃飯、睡覺，什麼時候上班、回家，從這些資訊出發再確定跟對方接觸。如果打個電話，對方不在或者去找他時他正好很忙，這種場合都是不好的。因此，細心把握對方的工作安排、起居時間、生活習慣，瞄準對方最想找人聊天或最需要的時候去打交道，很容易獲得成功。

一旦和別人取得連繫，建立初步關係之後，你還不能放鬆，最好抓住機會繼續深入。交際中往往會有兩種無可非議的目的——直接的和間接的。直接的無非就是想達成某項交易或有利事情的解決，或想得到別人某方面的指導。如果並不是為了問題的當面解決或利益關係，只是為了和對方加深關係，增進了解，讓你們的關係長期保持下去，可視為間接的目的。無論你想達到什麼目的，你最好有意識地讓對方明

1　創造與人相識的機會

白你的交際目的,如果對方不明白你的交際意圖,會讓他心生戒備:這個人和我打交道有什麼目的?那樣就很難跟對方繼續深入交往。

　　男人應該多創造與人相識的機會,打造自己的人際關係網,這樣就可以藉助人脈獲得成功。

八、廣結善緣，拓展人脈資源

2 利用工作之便結交朋友

社會可以說是由不同的組織構成的。每個人都定會處在某一個組織中，對於小的組織，如一個小社團、小管委會、協會等來說，組織內部結構倒沒什麼，但對一個大的公司企業單位來說，組織結構就不是一般人都能了解的。在組織中怎樣處於有利的職位？哪些職位最有利？不同的職位怎樣擁有良好的人際關係？這些都需要我們透過認識組織來獲得。

身為男人，千萬不要認為職位越高就越能擁有良好的人際關係。在組織中，有些職位雖然級別不高，薪水不多，但卻是建立良好人際關係的重要位置。擁有這些職位，就能有效擴展你的人際關係。

(1) 總務部門

提到總務部門，大家也許會眉頭一皺，因為，在部分公司和組織裡，總務主管常被視為眼中釘。然而這個職位卻是真實的權力中樞。在總務部門中，有許多事是可以由私人好惡來決定的。例如，在做辦公室的分配時，可以決定將最佳的位置保留給誰，或考慮把停車場最好的位置分配給誰。

(2) 公關部門

沒有人不喜歡自己的名字和照片出現在新聞雜誌上，即使是公司的刊物也是一樣。身為公關部門的重要人物或者公司刊物總編輯的你，一定會發現有許多同事經常來找你，表面上那些找你的人似乎都別無所求，並不是要求你替他們拍照，或要求你在報上登幾則他們在旅遊中的見聞趣事，或者報導他們最近所得到的嘉獎與榮譽，但不妨由你提起，慢慢誘導他們，他們馬上會高舉雙手表示贊成，然後交給你連大作家們都自嘆弗如的大篇文章，洋洋灑灑讓你刊登在公司的刊物上。所以，公司內的刊物，就是討同事們歡心的最佳工具。

一般人都會想，公關部門的任務就是廣告宣傳。其實，這個單位除了廣告之外還包括更複雜的工作。如果你能適當地處理這些複雜繁瑣的工作，你就可以一一滿足同事們的願望。

另外，公關部門有時會受業務部的委託，必須製作簡報或影片。有時受行銷部委託，必須製作市場分析表及落點圖，同時，無論人資部、工程部、製造部，都可能會提出相似的委託申請。假如你適時地滿足他們的需求，發揮專家的手段，同事們便會在不知不覺中依賴你，攀附在你周圍。

(3) 採購部門

採購部門可以說是與人接觸最廣泛的部門。到這裡來推銷各種產品的業務，幾乎川流不息，採購部門的會客室裡，

八、廣結善緣，拓展人脈資源

經常可以聽到這樣的談話：

「×經理，久仰大名！我叫×××，敝公司開發了一種能夠快速便捷儲存檔案的新機器，讓檔案儲存變得更加方便，所以……」

你如果是一位能幹的採購部門經理的話，就一定會對同事們的需求、申請的耗材、公用設施、重要的原材料等供應事情加以留意。這樣，你在公司內的名望一定會大大提升。

同事們無意間透露出的意願，如果你都牢記在心，就可以設法幫助他們達成。例如，你如果得知總務部門經理偏愛咖啡色，因此，他在鋪設經理室的地毯時，就特別為他選擇咖啡色的色調；你經常在辦公室巡迴檢視，如果發現沙發的彈簧微凸出來，你就會在有關人員尚未提出申請前，主動為他們換新。

所以，在採購部門工作的話，只要具有服務熱忱及思慮周密，便很容易受到同事們的支持，對晉升十分有利。

(4)人資部門

身為人資部門的人可行使多種權力，如核定所有員工的薪資，有了新設的職位或出缺的職位時，由他安排派任，查定薪水的調升、保險等等。

至於勞工事務方面的工作，也是人資部門重要的職務的一環。他必須和工會的人員交涉，或代公司方面去權衡事

宜，締結新的協議。藉著處理這些事件，人資部門的重要性以及在同事間的聲望會漸漸提高，此外，他們還要和會計部門商議開支問題，並促使業務部門和他配合行動。

任何一個機構或公司都會有許多方便與人交際的部門和環境，只要你能充分利用你所在部門的特點和條件，就能有效地擴大自己的來往對象，加深與交際者的人緣關係。

■ 八、廣結善緣，拓展人脈資源

3　利用關係網擴展人際交流

男人在職場中打滾，多認識一些人是有好處的。要想認識許多人，你必須接觸他們，而要想跟他們建立良好的關係，你要花更多的時間、精力。不過，快速建立一個好人緣的比較省事的方法是，利用你現有的人際網路，以這張網為基礎進行「編織」，你的網會擴大得很快，這就和蜘蛛織網相似，在舊網上織一個新網總比重新編織要快得多。

人與人之間的相識、交往，不可能憑空進行，總是因為某個偶然的機會，或者因為學習、工作等把天南地北，五湖四海的人吸引到某一空間從事某一活動，由於往來的頻繁，人們就相互認識了。也許這些就是緣份。如果你懂得珍惜這種緣份，學會利用這種緣份，那麼你很快就能建立起好人緣。

那麼怎樣把握好這種緣份呢？下面告訴你一些好方法。

(1) 利用「同鄉」關係

許多人有很重的鄉土意識。住在某一地區的人們往往會受那個地區環境的影響而形成具有地方特色的風俗習慣、禮儀人情，從而孕育絢麗多姿的不同族群、不同區的特色文化，包括語言、飲食、生活方式等等，各地區的文化往往成

為那個地區人們生命力、凝聚力、親和力的紐帶。

當你身處異地，忽然發現周邊的人與自己所習慣的口音不同時，你才深刻體會到自己處在一個完全陌生的城市，再也不能用以前的那一套去和周圍的人相處了，我們必須「脫胎換骨」。你小時候不相信「人不親土親」，對這句話很不理解，總覺得那是騙人的。到現在，當你在這個陌生的地方生活了一段時間後，你才算真的「讀懂」了這句話。

「美不美，家鄉水；親不親，故鄉人」，當我們在異地碰上來自相同地方的朋友時，共同的鄉土文化會立刻把我們拉在一起，跟熟知自己故鄉的人談論故鄉的山水，那是多麼美好的時刻。所以，利用「同鄉」關係建立人緣那是很自然的事。

當你身處都市，初次和人打交道時，在適宜的場合，不妨問一下對方的老家在哪裡。如果真遇到你的「同鄉」，那你們的情誼可以很順利地進展下去，你們很快就可以找到有關你們家鄉的話題。如果你的交際得力的話，你很快可以成為他親密關係網中的一員，然後再利用他的關係，在他的引薦下，你肯定可以很快交結到好人緣。

(2) 利用校友關係

如果你大學畢業，掐指算一算，從小學到大學你可以有多少同學？以一名大學畢業生來計算，國小、國中、高中總

八、廣結善緣，拓展人脈資源

共十二年，加上大學四年，這十六年的正規教育時間，按保守的數字計算，你的同學可能不下200人。200人，一個多麼可觀的數字，但又請你仔細算算：這200人中，和你經常連繫，保有良好關係的人又有多少？少於10人？10人？多於10人？20人？20人以上？也許這樣一算，你自己都會覺得可惜，因為昔日幾年、十幾年前跟你一起坐在同一間教室裡，在在同一老師的教導下念著同一本書的「同窗」，你可能記不起他們的名字了，甚至他們現在在哪都毫無頭緒！

所以，同窗之情、同師之誼是很值得珍惜的。儘管十幾年前的同學彼此見面時再也不如小學時的純真，國中時的意氣風發；儘管彼此可能身處不同的公司職位，但無論扮演什麼角色，在幾年、幾十年前，你們在同一個小小的舞臺──學校裡扮演過同一角色──學生。回想起當年的學習生活，人物「典故」，誰能不為之興奮激動？所以如果你有心，無論你現在的事業成功不成功，你可以找一個適當的時間（通常是節假日，最好的時間是春節期間）舉行一次同學會，當然籌備會花去很多時間精力，但這是一項很有價值的工作。在同學會上，你可以追尋往昔的難忘歲月。雖然未必有「往昔崢嶸歲月稠」，但至少你們可以找回那段共有的美好時光。還有，如果你的同學建議舉辦同學會或請你參加，你務必要全力以赴盡可能地參加。如果一時脫不開身而未能赴會，可能會成為你一生中很大的遺憾。對你的人際交往來說，也是一

3 利用關係網擴展人際交流

筆巨大的損失。

對一位大學畢業生來說，龐大的同學關係網簡直就是巨大的財富。因為大學通常會招收各種不同面向的學生，在大學校園裡，你可以接觸到四面八方各具特色的同學，甚至世界各地的人，這對擴展你的知識，撒開人際關係網是個極為有利的條件。

在交際過程中，首先要搞清對方畢業於哪所學校。無論是大學、高中、國中甚至小學，只要能找到一個「同類」，你就可以和他「合併」出許多談話的話題。如果得知你和對方畢業於同一大學，就可以堂堂正正地介紹自己的科系、學歷，開始與對方交際，而後透過他這個管道也許能夠不斷擴大校友範圍。

除了同鄉關係、同學關係之外，還有諸如同事關係、旅遊中的同伴關係等等。這些都可以成為擴展人際交往的橋梁。

八、廣結善緣，拓展人脈資源

4 巧妙結交各界名流

社會名流都是成功人士，結交成功人士當然對自己的人生很有幫助。因此，學會結交社會名流的藝術是追求人生輝煌者的重要一課。

名流的力量同樣可以幫助自己成功。只要事先深入地了解名流，想方設法架橋搭線，與名流多多產生關聯，輪到有事時名流們必會對你施以援手，因為名流往往不願背負「勢利」的惡名。

要結識到名流並不是那麼容易，特別是那些在商界叱吒風雲的人物，更是難上加難。這裡介紹一些可能與名流「搭上線」的方法。

(1) 提前了解名流的相關資料

對有名流人士的資料要盡力蒐集，多多益善，力求全面詳細。比如他的出生地、過去的生活經歷、現在的地位狀況、家庭成員、個人興趣愛好、性格特點、處世風格、最主要的成就、將來的發展潛力、他的影響力所及的範圍，總之，凡是與他有關的資料，只要能蒐集到的，就盡力蒐集。當然，也許你蒐集到的有些內容是關於他的隱私的，那麼就

要特別慎重，不能輕易傳播出去，更不能當作日後「要挾」他的把柄，只能作為你全面地了解他的參考資料而已。

(2) 託人引薦

託人引薦是比較常用的辦法，一般託那些與名流交往密切的人作為中間人引薦，會產生事半功倍的效果。因為名流對與他交往密切的人引薦來的人，自會刮目相看，鄭重地對待。

找中間人需要注意的是：你要讓中間人盡可能地了解你，並獲得中間人的充分信任和欣賞，這樣他才會積極替你引薦。對一個不太了解的人，或不太賞識的人，中間人是不會輕易引薦的。貿然引薦，令名流不高興，也等於減少了他自己在名流心目中的「分數」。

(3) 自己主動結識

主動結識也是較多結交名流心切的男女通常採用的方法，就是「冒昧」地寫信、打電話給名流，主動提出結識要求，這種方式也不乏成功的案例。

需要提醒一點的是：當你「冒昧」地寫信給名流，而且又希望對方能回賜佳音，那麼千萬別忘記隨信附上寫好地址、姓名並貼足郵票的信封。

(4) 容易結識名流的場所

對於政界要人、演藝明星、歌手、球星、富商等名流來

八、廣結善緣，拓展人脈資源

說，經常出入一流的地方。這些一流的地方就是結識名人的理想場所，只要努力尋找，到處都有。比如，高爾夫球場、高級飯店的健身娛樂場所（游泳池、球場、咖啡廳）、一流的劇院的音樂廳、高級百貨等，甚至高級髮廊、酒吧都有可能是名流人物出入的地方。

出入一流的地方，不知不覺就會培養出一流的習慣，這就是所謂近朱者赤。常去一流的地方，可以了解一流地方的規矩，也可以體會到名流人物的生活方式。即使未結識上名流，能學到一些東西也是值得的。

當然名流不是你想認識就能認識的，有時再費心機也是徒勞的。因此，不要刻意去尋訪名流，本著自然的態度，隨緣而定，有緣分的話，你會在意想不到的地方與之相識；沒有緣分的話，就算近在咫尺也無緣相會。比如你想當場得到作家、歌手、球星、演藝明星的親筆簽名並不難，但因此而與之相識恐怕不大可能。未雨綢繆，男人應該學會結交社會名流，為自己的人生添加光彩。

5　以德報怨，化解冤仇不結仇

人與人之間，或許會有不共戴天之仇，但在辦公室裡，這種仇恨一般不至於達到那種地步。畢竟是同事，都在為著同一家公司而工作，只要矛盾並沒有發展到你死我活的情況，總是可以化解的。記住：敵意是一點一點增加的，也可以一點一點削弱。有句老話說：冤家宜解不宜結。同在一家公司謀生，低頭不見抬頭見，還是少結冤家比較有利於你自己。不過，化解敵意也需要技巧。

與你關係最密切的搭檔，心底裡對你十分不滿。他不但對你冷漠得嚇人，有時甚至你跟他說話，他也不理不睬。有些關心你的同事，曾私下打聽過，為什麼你的搭檔對你如此不滿？

可是，你究竟在什麼時候得罪了對方？你一點頭緒都沒有。

你實在忍不住了，索性拉著對方問：「究竟有什麼不對呢？」但對方只冷冷地回答：「沒有什麼不妥。」到了這個地步，如何是好？

既然他說沒有不妥，你就乘機說：「真高興你親口告訴我沒事，因為萬一我有不對的地方，我樂意改正。我很珍惜我倆的合作關係。一起去吃午飯，如何？」

八、廣結善緣，拓展人脈資源

這樣，就可以逼他面對現實而表態。要是一切如他所言的沒事，共進午餐是很禮貌的行為。或者，邀他與你一起吃宵夜。在你離開辦公室時遇到他，開心地跟他天南地北聊一番。總之，盡量增加與他互動的機會。友善的對待，對方怎樣也無法拒絕！

你另有高就，準備請辭，你心想：「那幾個平日視你的痛苦為快樂的同事，一定很開心，如果趁這時自己地位超然，乘機向老闆告他們的狀，就太好了！」奉勸你三思而行！

所謂世界很小，若今天被你捉弄的同事，他日也可能成為你新公司的員工，你將如何面對他？這豈不是陷自己於危險境地？要是對方的職位比你更高就更不妙了，所以何必為自己製造絆腳石？還有，許多上司都不喜歡亂打小報告的下屬。試問終日忙於偵察人家的缺點，還有多少時間花在工作上呢？

團結就是力量，所以千萬別在公司裡搞小團體，應該把同事都視為好朋友，凡事以和為貴，即使有人處處為難你，但你必須耐著性子，不可意氣用事，因為同事間的爭執只會令生產力下降，站在上司的地位，他是不會關心誰是誰非的，總之不合作就是你的錯。

一般人總愛聽讚美的話，聰明的你就不妨大方一點，多讚美別人吧！「這個意見不錯，就這樣做吧！」「真棒，你為

5 以德報怨，化解冤仇不結仇

我提供了一個好辦法！」這樣，下一次他會更努力的幫助你。

讚美別人之餘，要注意自己的表現，處處出盡風頭，或者說話過分直率，容易使人覺得你自大而排擠你。所以男人應該永遠小心舌頭，同時要與同事們站成一線。

人是情感的動物，在愉快的氣氛下工作可以事半功倍，不妨多關心別人，體貼別人，增加親切感，做起事來就更順利。由今天起，努力做個受歡迎的同事吧！成功的你，將來獲得升遷的機會也相繼大增！

笑容是最犀利的武器。當你拜託同事協助整理檔案，說聲「麻煩你」，加一個笑容，他會被你的友善感染，特別努力；或者同事把做好的計畫書交給你，別忘記謝謝他和微笑一下，這不但是禮貌，亦是感謝的表示。任何人都喜歡得到讚美。說一些別人愛聽的話，只要不是謊話，便不算埋沒良心。切莫對同事大喊大叫，這不但不禮貌、不友善，還表示你缺乏信心。

當你遇上難解的死結，情緒低落極了，更需要微笑，拋開煩惱，跟同事們談笑，藉此把惡劣心情沖淡，使精神集中於工作。

不要自掃門前雪，若同事需要你的幫忙，不應吝嗇，盡力而為吧，即使不會立刻獲得回報，但你的投資是不會白費的，起碼他會認為你是大好人。

八、廣結善緣，拓展人脈資源

如果你做錯了事，且影響到別人，快道歉！勇於認錯的人並不多，這樣做自然讓對方留下深刻印象。還有，處處設身處地去感受他人的心態，再給予支持，沒有人會不喜歡你的。

在工作上造成了一次嚴重的衝擊，例如跟某同事大吵大鬧起來，對你的專業形象和信心會有無形的負面影響，因為這表示了你在處理人際關係一事上有欠成熟。

可以怎樣去補救呢？以下是一個比較常見的例子。

你與某同事在某事上持不同意見，又互不相讓，以致發生言語衝突，你自認是因為過於坦白而惹禍上身。而你最失敗的一點是，曾列寫了過去三個月來，這位同事做過的所有錯事。如今，你感到後悔不已，希望把負面情況扭轉，並願意向對方道歉，可是，同事似乎仍處於極度失望和惱怒當中，讓你更為歉疚。

其實，最佳和最有效的策略是，向他簡單道地歉：「對不起，我真的過分了，保證不會有下一次。」

要是你重提舊事，企圖狡辯些什麼，只會惹來另一次衝突，同時，顯得你缺乏誠意，人家日後再也不會相信你了。記住，你的目標是將事態軟化，與同事化敵為友。所以，最好靜待對方心情好轉或比較平和時，正式提出道歉。

所謂冤家路窄，你的死對頭，或者曾經結怨者，被調派

5 以德報怨，化解冤仇不結仇

到你的部門來，並且和你的工作有密切關係。事實既然擺在眼前，你必須好好處理之。

要你忘記怨恨，也許不可能。但有幾項原則，是有必要遵守的：

首先，勿論那一次結怨誰是誰非，也不要介入工作的討論範圍裡，從此隻字不提，以免雙方公私不分。要是對方先觸碰瘡疤，請平心靜氣，緊盯著他說：「我不會記恨過去不愉快之事，尤其是在工作時間內，避免影響自己情緒。」

其次，擺出大公無私的態度。或許你過去與搭檔一起工作，一切講求默契、講求依賴，但對這位新同事，你必須事事講清楚，以免有所誤解，導致不愉快的事件，或心病加重。例如交代一件任務，必須清楚指出任務的目標、完成日期和報告的規劃等等，切勿理所當然。

■ 八、廣結善緣，拓展人脈資源

九、
口才致勝，言語間展現智慧

九、口才致勝，言語間展現智慧

1　說話條理清晰，井然有序

講話吸引人的人都不是嘮叨或虛張聲勢之輩，他們在言談中很注意循循善誘，絲絲入扣，像春雨潤物滲透進聽者的心房。

人類的心理是很微妙的，有時聽眾並不因為你講的內容很有道理就完全信服你，他們還要顧及說話的人的表達方式。即使是正式場合的談論，聲音過於激烈也會讓人產生「此人強詞奪理，所說之言不足為信」的想法，隨之，心理上會產生反感或者有所牴觸。

有條不紊的談話，可以讓人有穩重之感。一般來說，優秀的業務幾乎都不是快嘴快舌之才。這倒不是因為他們反應遲鈍，不善嚴詞，相反的，他們機警過人，能說善道。但他們清楚地知道，推銷商品並不光是能言善辯就可勝任的。比如，一味地吹噓「這種商品不錯」，顧客只會對這種大肆鼓吹投以疑惑和戒備；然而，當你慢條斯理、一板一眼地陳述商品的效能並動手操作，顧客就會因你所表現出的誠實而信任你。招攬顧客的工作，是需要綜合運用多種技巧的。

人際交往也是如此。特別是在語言溝通中，如果只顧快嘴快舌，就無法產生好的效果。有人認為，唇齒伶俐，可以

1　說話條理清晰，井然有序

在短時間傳播大量的資訊，但卻沒有想到資訊的價值是由講話者能否給對方以信賴感所決定的。一味地搶快，只會使對方感到你的輕浮，進而對你提供的資訊產生懷疑。這樣，即便你提供的資訊再多，也不能為人們所接受，也就沒有什麼意義了。因此，與人交談時，應注意糾正語調生硬、語速太快的習慣。

要做到說話有條不紊，不妨試試以下幾個辦法：

(1) 要有充分的準備

如果你在講話時對所要講的內容沒有認真思考過，你肯定會感到無話可說，即使說起來也不會流暢自如。因此，必須在發言之前有充分的準備，或者寫出綱要，或者默背、試講。你對講話的內容越熟悉，你就能講得越好，越不會信口開河，無的放矢。

(2) 學會對話方式

從心理學角度來看，口頭語言有對話言語（聊天、座談、辯論、質疑等）與獨白言語（報告、演講、講課等）之分。一般來說，後者的要求更高，並且是以前者為基礎的。我們首先必須學會對話言語的方法，好好與別人交流思想，才能在聽眾較多時有較好的效果。在與別人談話時，要耐心傾聽別人的意見，不可隨便插話或打斷別人，要「察言觀色」，注意對方的姿勢、表情和態度，要分析對方說話的得

失，吸取其優點，捨棄其缺點。同時，自己的發言要含義明確，態度誠懇，並且當對方顯出厭倦或注意力渙散時，就要停止發言。

(3) 勇於勤講多練

　　善於言辭的才能並不是天生的，而是在環境的影響下，透過個人的實際訓練逐步發展的。因此，我們要克服害羞膽怯的心理，在生人面前或人多的場合，要爭取發言的機會，勇敢地發表自己的意見。雖然開始時不一定會成功，甚至會遭到別人笑話，但不要介意，要認真分析自己發言失敗的原因，勤講多練，不斷改進，這樣才能不斷提高自己言談的水準。

　　發言時的有條不紊，來源於思路的明確清晰和心態上的不急不躁。

2　言語準確，切中要點

人人都有一張嘴，長嘴就是為說話，但從不同的人嘴裡說出來的話效果大不一樣。一言使人笑，一言使人跳，追求成功的男人應該要會說話。要說好話首先要做到有的放矢，簡明扼要，突出重點。表達自己的觀點，更應當講究章法，思路嚴密。這是提高言談水準的基本要求。

我們平時與人寒暄或進行簡短的交談，一般都是比較隨意的，談不上條理清晰，但在正式場合，比如報告會議、講座、演講等比較重要的發言，情況就不一樣了，這要求發言者對所講述的內容要有深刻的理解，並對整個說話過程做出縝密的安排。一般來說，對說話過程的安排有以下幾點要求：

(1) 把握重點

發言不是照本宣科，有時難免會插一些題外話，有時會發現已講過的某個問題有所遺漏需要臨時補充，這樣就容易雜亂。一個高明的說話者，應時刻把主題牢記在心，不管怎樣打岔，不管轉了多少個話題，都不偏離發言的原始重點。

(2) 言之有序

發言不能靠資料堆積吸引人，而要靠內在的邏輯力量吸

九、口才致勝，言語間展現智慧

引人，這樣才有深度。與寫作相比，發言是口耳相傳的語言活動，沒有過多的時間讓聽眾思考，所以邏輯關係要更為清晰、嚴密。話語的結構要求明確易懂，善於提出問題、分析問題、解決問題。觀點和資料的排列，要便於理解、記憶和思考，所以要較多地採用由近及遠、由淺入深、由已知到未知的順序安排。當然，時間順序最好按過去、現在、未來進行安排，這樣容易被聽者記住。

(3) 連貫一致

開場白非常重要，它直接影響到所講內容的展開，不能一開口就冒出一句讓人摸不著邊際的話；多層意思之間的過渡要流暢自然；結尾要進行歸納，簡明扼要地突顯主題，加深聽講者的印象。

(4) 要言不煩

那種與主題無關的廢話，言之無物的空話，裝腔作勢的假話，聽眾都極為厭煩。

馬克‧吐溫（Mark Twain）曾經說過，有一次他去聽一位牧師傳教，剛開始很有好感，準備捐獻身上所有的錢。過了一小時，他聽得厭煩，決定留下鈔票，只捐些零錢。又過了半小時，他決定分文不給。等到牧師說完了，他不僅不給，還從捐款的盤子中拿出兩元作為時間的補償。

這是對發言冗長者的絕妙諷刺。所以發言中應當注意在

句式變化的同時，多用短句，少用長句。長句能夠表達縝密的思想，委婉的感情，能夠產生一定的說話氣勢，但是其結構比較複雜，如果停頓等處理不好，不但發言者覺得吃力，就連聽者聽起來也不易理解。而短句的表達效果簡潔、明快、活潑、有力。由於活潑明快，就可以乾脆地敘述事情；由於簡潔有力，就可以表達緊張、激動的情緒，堅定的意志和肯定的語氣。因此在運用上，易說易聽的短句更適合在交談、辯論、演講等重要場合的說話中使用。

　　抓住重點，理清思路，這是說話的基本要求，也是說好話的前提，男人不可不知，不應不會。

3　精心遣詞，準確表達思想

馬克‧吐溫說：「恰當地用字極具威力，每當我們用對了字眼⋯⋯我們的精神和肉體都會有很大的轉變，就在電光石火之間。」

同樣一句話，良言妙語能叫人笑，能治人心病，能帶給人希望；然而若是汙言穢語則會使人哭，會刺傷人的心，會帶給人失望。其中的差別在於話中的字眼用得是對還是錯。同樣的，每句話中所用的「字眼」可以讓別人了解發言者的心中所想和願望。

歷史上許多偉大人物就是因為善於運用字眼的力量，大大地激勵了人們，並喚起民眾全心跟隨，從而塑造出今天的世界。這就是人們常說的「振臂一呼，應者雲集」的效果。的確，用對了字眼不僅能打動人心，同時更能帶起行動，而行動的結果便展現出另一種人生。

當派翠克‧亨利（Patrick Henry）站在十三州代表之前，慷慨激昂地說道：「我不知道其他的人要怎麼做，但就我而言，不自由，毋寧死。」這句極具感召力的話，激發了幾代美國人的決心，使他們誓要推翻長久以來壓在他們頭上的苛政，結果造成燎原之火，美利堅合眾國由此誕生。

3　精心遣詞，準確表達思想

美國一位偉人演講道：「當我們今天得以享受到充分的自由時，不要忘了《獨立宣言》，雖然它只有寥寥數語，卻是二百多年來所給予我們每個人的保障。同樣的，當我們這些年致力於種族平等時，也不要忘了那也是因為某些字眼的組合而激發出來的行動所致，請問誰能忘記馬丁·路德·金恩（Martin Luther King）博士打動人心的那一次演講，他說道：『我有一個夢，期望有一天這個國家能真正站起來，信守它立國的原則和精神……』。」

當然，遣詞準確的話語其影響力並不只限於美國。

第二次世界大戰期間，英國正處於風雨飄搖之際，民心渙散，經濟蕭條。這時，有一個人的話語激起了英國全民抵抗納粹的決心，結果他們以無比的勇氣挺過了最艱苦的時期，打破了希特勒軍隊所向無敵的神話。那個人就是已故英國政治家、前首相邱吉爾（Winston Churchill）。

許多人都知道人類的歷史就是由那些具有威力的話語所寫成的，然而卻鮮有人知道那些偉人所擁有的語言力量卻也能夠在我們的身上找到，它能改變我們的情緒，振奮意志，乃至於有膽量面對一切的挑戰，使人生過得豐富多彩。

生活中時時選擇使用正面的字眼，最能振奮我們的情緒；反之，若是選擇使用了負面的字眼，就必然很快使我們自暴自棄。遺憾的是我們經常不留意所用的字眼，以致錯失唾手可得的大好機會。因此我們務必重視使用字眼的重要性，這

九、口才致勝，言語間展現智慧

做起來並不難，只要能聰明而用心地選擇就可以了。

我們在跟別人說話時常常用字十分謹慎，然而卻不留意自己習慣用的字眼，殊不知我們所用的字眼會深深影響我們的情緒，也會影響我們的感受。因此，如果我們不能好好掌握怎樣用字，如果我們隨著以往的習慣繼續不加選擇地用字，很可能就會扭曲所歷經的事實。譬如說當要形容一件很了不起的成就時，用的字眼是「不錯的成就」，那對自己的情緒就很難造成興奮的感覺。這都是因為用了具有局限性的字眼所致。一個人若是只擁有有限的詞彙，那麼他就只能體會到有限的情緒，反之，若是他擁有豐富的詞彙，那就有如手中握著一個可以調出多種顏色的調色盤，可以盡情揮灑自己的人生經驗，不僅為別人，更為自己。

有一家卡車服務公司，只不過改了一個字眼就大大地提升了員工的工作效率和服務品質。

那家公司的管理階層發現他們所送的貨物中，有萬分之六會送錯地方，這使得公司每年得額外賠上 25 萬美元的損失，為此公司特別聘請了戴明（Deming）博士去為他們健檢一番。根據戴明博士的觀察，發現這些送錯的案子中有萬分之六是因為該公司的司機看錯送貨契約所致。為了能一勞永逸地消除這樣的錯誤，而使該公司提高服務品質，戴明博士建議最好把這些工人或司機的頭銜改為技術員。

3　精心遣詞，準確表達思想

　　一開始公司覺得戴明博士的建議有點奇怪，難道把職位頭銜改一改就能把問題解決？難道就做這麼一個簡單的動作便可以了？可是沒有多久成果就出現了，當那些司機的頭銜改為技術員之後不到三十天，先前萬分之六的送錯率一下子便下降到了萬分之一以下，也就是說從此那家公司一年可以節省將近 25 萬美元。

　　這個例子說明了一個基本事實，字眼的轉換不管是用在個人身上或整個組織上都有相同的效果。

九、口才致勝，言語間展現智慧

4　學會掌控說話的語氣

「言為心聲」，喜、怒、哀、樂盡現其中。這就是語氣的妙處。嘰嘰喳喳如小鳥，題喜；聲帶咆哮，是為怒；唉聲連連，是為哀；歡聲不斷，是為樂，在所有使用有聲語言的場合，都離不開語氣。在一句話中，不但有遣詞造句的問題，而且有用怎樣的語氣表達才準確、鮮明、生動的問題。

一位文學大師在觀看自己編寫的歷史劇《屈原》的演出，他聽到嬋娟痛斥宋玉：

「宋玉，我特別恨你，你辜負了先生的教訓，你是沒有骨氣的文人！」

他聽後感到「你是沒有骨氣的文人」這句話，罵得還不夠分量，就走到後臺去找「嬋娟」商量。「你看，在『沒有骨氣的』後面加上『無恥的』三個字，是不是會更有分量？」

這時，正在一旁化妝的演員靈機一動，插了話：

「不如把『你是』改為『你這』，『你這沒有骨氣的文人』，這多有味道，多麼有力！」

大師拍手叫絕，連稱：「好！好！」

這一字之改，不僅使原來的陳述句變為堅決的判斷句，

而且使語言有強烈的情感色彩,語氣也更加有力,嬋娟的憤怒之情溢於言表。

一個人只要駕馭了語氣,就能夠出口成章。這是當今社會最值得推崇的能力,從中能夠展現出發言者駕馭語氣的功力。

男人應當具備駕馭語氣這樣十分複雜的技巧,需要注意以下幾點:

(1)掌握語氣的特點

語氣包含思想感情、聲音形式兩方面的內容,而思想感情、聲音形式又都是以語句為基本單位的。因此,語氣的概念又表述為具體思想感情支配下的語句的聲音形式。聲音作為語言的物質外殼,是語氣表達所必須依據的支撐物。語言有表意、表情、表志的作用,語氣相應也分為這三種:

①表意語氣

表意語氣指的是向對方傳遞某種信息。如陳述、疑問、祈求、命令、感嘆、催促、建議、商量、呼應等。這種語氣詞或獨立成小句,或用於小句末,或用於整個句子末尾。指明事實,提醒對方注意,用「啊、呢、囉、嗯」等;催促、請求用「啊、吧」;質問、責備用「嗎」,如與副詞「難道」搭配,語氣更為強烈;說理一般用「嘛」;招呼、回應用「喂」;揣測用「吧」。

②表情語氣

表情語氣是談話中表現的感情。如讚嘆、驚訝、不滿、興奮、輕鬆、諷刺、喝斥、警告等。讚嘆用「呢、呀」，句中常有「多」字搭配；驚訝用嘆詞「啊、哎、喲、咦」；嘆息用「唉」；制止、警告用「噓、啊」；醒悟用「哦」；鄙視用「呸」，等等。

③表志語氣

表志語氣，就是對自己的說話內容表示某種態度。如肯定、不肯定、否定、強調、委婉、和緩等。肯定用「好了（是）……的」；緩和用「啊、吧」，語氣顯得平淡，不生硬；誇張用「呢」。

(2) 改變不良的習慣語調

語言是人際交流的橋梁。正因為有了語言，才豐富了人的社會化的內容，擴大了社會化的範圍，加速了社會化的進程。但是，應該要注意到，人在社會化的過程中，由於受社會、家庭和個人的某種語言習慣的影響，形成了每個人的獨特的習慣語調，因此要儘早克服那些不符合語氣要求的習慣語調。

有的人講話聲音變化很大，總是一開口聲音很高、很強，到後來越說越低、越弱，句尾的幾個字幾乎聽不到。這種頭重腳輕的語調使語意念混，容易造成聽者的疲勞感。有

的人講話，總是帶有一種「官腔」，任意拖長音，聲音下滑，產生某種命令、指示的意味。有的人講話，則喜歡在句尾幾個字上用力，使末一個字短促，語力足，給予人強烈感、武斷感，容易讓人不舒服。

把握語氣主要是做到句首的起點要參差不一，句腹的流動要起伏不定，句尾的落點要錯落有致，這樣就能使語氣千姿百態，豐富多彩。正確地運用語調，表達時每句話的語意就會更加精準，這種掌控是駕馭語氣的基本要素。

(3) 根據不同場合調整語氣

要得到良好的效果，要根據不同場合、不同時機、不同環境和不同對象的語言交流特點，靈活恰當地運用語氣的多種形式，做到適時而發。

①因地而異

掌握語氣要注意發言的場合，這是十分必要的。一般來說，場面越大，越要注意適當提高音調，放慢語速，把握語調上揚的幅度，以強調重點。相反，場面越小，越要注意適當降低聲音，適當緊湊詞語密度，並把握語調的下降趨勢，追求自然。場合不同，應運用不同的語氣。在談話的場合和演講的場合、論辯的場合和對話的場合、嚴肅的場合和輕鬆的場合、安靜的場合和嘈雜的場合等等，都要根據情況使用不同的語氣。

②因時而異

同樣一句話，在不同時候說，效果往往大相逕庭。抓住時機，恰到好處，運用適當的語氣，才會產生正確有效的效果。

③因人而異

駕馭語氣最重要的一個要素是語氣因人而異。語氣能夠影響聽者的情緒和精神狀態。語氣對應聽者而改變，才能引起共鳴。比如，是喜悅的會引發出對方的喜悅之情，是憤怒的會引發出對方的憤怒之意；語氣不適應於聽者，則會產生相反的效果，如生硬的語氣會引發對方的不悅感，埋怨的語氣會引發出對方的滿腹牢騷等等。

判斷說話語氣的依據是一個人內心的潛意識。語氣是有聲語言的最重要的表達技巧。

男人掌握了豐富、貼切的語氣，才能使自己的思想情感更加豐富，不時對聽者產生正向影響，從而在人際交往上贏得成功。

5　少說為妙，避免言多失言

「你會說話嗎？」這樣問你，你一定覺得可笑，只要是正常的人，說話誰不會？但實際上問題並沒有那麼簡單。

先看下面的例子：

一名剃頭師傅家裡遭到偷竊。第二天，剃頭師傅到顧客家剃頭，愁容滿面。顧客問他為何發愁，師傅答道：「昨夜小偷偷走了我一年的積蓄，仔細想想，就當為小偷免費剃了一年的頭。」主人憤怒將其趕走，換了另一名剃頭師傅。這師傅問：「先前有一師傅服侍您，為何另換小人？」主人就把前面發生的事細說了一遍。這師傅聽了，點頭道：「像這樣不會說話的剃頭人，真是砸自己的飯碗。」

有一人請客，四位客人有三位先到。這人等著焦急，自言自語說：「咳，該來的還沒來。」一客人聽到了，心中不快：「這麼說，我就是不該來的來了？」告辭走了。主人著急，說：「不該走的又走了。」另一客人也不高興了：「難道我就是那該走又賴著不走的？」一生氣，也起身走了。主人苦笑著對剩下的一位客人說：「他們誤會了，其實我不是說他們……」話未完，最後一位客人也走了。

你看，說話是簡單的事嗎？如果我們說話時不多加思

九、口才致勝，言語間展現智慧

考，就可能傷人敗興，引起誤解。我們要注意說話的場合、對象、氣氛，不要隨意想說就說。像有些人去菜市場，問賣肉的：「老闆，你的肉一斤多少錢？」或餐廳服務生端上一盤香腸，說：「先生，這是你的腸子。」這類生活中的笑話，我們都要留意避免。

明朝呂坤認為，說話是人生第一難事。像上面所說的情況，還不算太難。只要注意言語修養，慢慢就會改善我們發言的紕漏和不足之處。說話難，而說真話、說實話更難。

春秋時期，齊國的晏子經常勸諫齊景公。有一次，齊景公的一匹愛馬暴斃而亡，齊景公大怒，命令手下把養馬人用刀肢解。這時，晏子剛好在齊景公身旁，見手下持刀斧而來，晏子說：「大王，先讓我代您說說這養馬人所犯之罪，然後再處死他，這樣才能讓他心服。」齊景公說：「可以。」晏子就開始歷數養馬人三大「罪狀」：國君讓你養馬你卻把馬養死了，這是死罪之一；死的是國君最喜愛的馬，這是死罪之二；你讓國君因為一匹馬而殺人，百姓聞知，必定怨恨國君，鄰國聞之，必輕視我們的國家，這都是因為你讓馬死了造成的，你真是罪有應得呀！齊景公聽懂了其中道理，說：「把養馬人放了，不要因此傷害了我的仁政。」

如果晏子不繞個彎讓齊景公明白人比馬更重要，而且直接指責齊景公做得不對，不應為一匹馬而去殺人，那麼，氣

頭上的齊景公不僅不會聽從，甚至連晏子自己也可能因直言而獲罪。由此可見說話講究技巧的重要意義。

說話講求技巧，這是男人需要學習的，但這並不意味著可以放棄原則，指鹿為馬，曲意逢迎。如果說出違心之論，那技巧就變成了惡行。

晏子很會說話，但前提是堅持了原則。男人不應為技巧而犧牲原則和人格。

國家圖書館出版品預行編目資料

九個決勝點，打造無懈可擊的全能人生：塑造形象 × 展現自我 × 拓展人脈 × 精心遣詞，從自我管理到社交技巧，全面提升你的職場競爭力 / 徐定堯，舒天，孫思忠 主編. -- 第一版. -- 臺北市：財經錢線文化事業有限公司, 2024.10
面；　公分
POD 版
ISBN 978-626-408-022-4(平裝)
1.CST: 修身 2.CST: 職場成功法
192.1　　113014330

電子書購買

爽讀 APP

臉書

九個決勝點，打造無懈可擊的全能人生：塑造形象 × 展現自我 × 拓展人脈 × 精心遣詞，從自我管理到社交技巧，全面提升你的職場競爭力

主　　編：徐定堯，舒天，孫思忠
發 行 人：黃振庭
出 版 者：財經錢線文化事業有限公司
發 行 者：財經錢線文化事業有限公司
E - m a i l：sonbookservice@gmail.com
粉 絲 頁：https://www.facebook.com/sonbookss/
網　　址：https://sonbook.net/
地　　址：台北市中正區重慶南路一段 61 號 8 樓
8F., No.61, Sec. 1, Chongqing S. Rd., Zhongzheng Dist., Taipei City 100, Taiwan
電　　話：(02) 2370-3310　傳真：(02) 2388-1990
印　　刷：京峯數位服務有限公司
律師顧問：廣華律師事務所 張珮琦律師

-版權聲明-

本書版權為淞博數字科技所有授權財經錢線文化事業有限公司獨家發行電子書及繁體書繁體字版。若有其他相關權利及授權需求請與本公司聯繫。
未經書面許可，不可複製、發行。

定　　價：375 元
發行日期：2024 年 10 月第一版
◎本書以 POD 印製
Design Assets from Freepik.com